Ernesto Schoo

MI BUENOS AIRES QUERIDO

FSC
MIXTO
Papel
FSC® C014573

Impreso en papel FSC® proveniente de bosques bien gestionados y otras fuentes controladas

Primera edición: mayo de 2011

Diseño y maquetación: Pre-Textos
Diseño del logotipo de la colección: Nina Müller

PRE-TEXTOS, 2011
Luis Santángel, 10
46005 Valencia
www.pre-textos.com

IMPRESO EN ESPAÑA/PRINTED IN SPAIN
ISBN: 978-84-15297-30-7 • DEPÓSITO LEGAL: M-29225-2011

ARTEGRAF, S.A. TEL. 91 471 71 00

MI CIUDAD

No me importan los desaires
con que me trate la suerte;
argentino hasta la muerte:
he nacido en Buenos Aires.

ÉSTE no es un río amable, ni generoso. Los ríos amables atraviesan las ciudades –Sena, Támesis, Tíber, Arno, Moldava, Ródano–, o las costean con benevolencia, como el Rin, reflejando en sus aguas, por lo general apacibles, las pintorescas poblaciones ribereñas. El Plata está ahí, indolente, prolongación líquida, color de tierra, de la monótona llanura pampeana, ese «vértigo horizontal», en la aguda definición de Drieu La Rochelle. Se nos acusa a los porteños de no amar a nuestro río, al que desde siempre volvimos la espalda. Ocurre, creo, que desconfiamos de él: sospechamos que es una masa de agua muy ladina, llena de malevolencia y de picardía. Picardía criolla, claro. En realidad, vendría a ser un mar, un brazo de mar disfrazado de río: no en balde su descubridor, don Juan Díaz de Solís, lo llamó Mar Dulce. Parece tranquilo y un poco distraído, siempre como a la espera de algo –algo espléndido, prodigioso, que por fin dará sentido a las vidas de quienes habitamos a su vera–; algo que nunca llegará. Sus iras son temibles: no sólo inunda los barrios ribereños y hasta los que no lo son pero albergan en sus profundidades cursos de agua por lo general tranquilos, que aumentan de caudal y brotan en las grandes lluvias, sino que el oleaje del Plata, en tiempo tormentoso, es capaz de provocar naufragios y cobrarse vidas. En cambio, no abunda en suicidas: rara vez alguien elige ahogarse voluntariamente en nuestro río. Acaso porque sus aguas sucias no son atractivas y no sugieren exaltación romántica, sino tedio.

Las gentes razonables dirán: «Lo que pasa es que es un estuario». Y citarán al Tajo en Lisboa, o al Po en su vasta planicie melancólica. Sí, es un estuario. Pero carece de encanto, al menos aquí, en contacto directo con la ciudad. Yendo hacia el norte de Buenos Aires, a lo largo de las pequeñas ciudades costeras (Vicente López, Olivos, San Isidro, hasta llegar al Tigre), asume un aspecto más agradable, se vuelve pintoresco. Y cuando empieza a declinar el día y la tarde avanza, el Plata adquiere un color lila que vira al malva y por fin al morado, embelleciéndolo notablemente. Victoria Ocampo, desde cuyo caserón en San Isidro se divisa el río en todo su esplendor, lo destaca en sus *Testimonios*: dice que al atardecer, el Plata muda su color diurno de café con leche, en lilas y violetas de matices refinados.

Eso, hacia el norte. En su deriva hacia el sur, mucho antes de fundirse por fin con el Atlántico (en la bahía de San Borombón, ya en la provincia de Buenos Aires), el Plata corre la misma suerte de los barrios ubicados en la zona meridional. Se vuelve proletario, se enturbia, se pudre –literalmente– en el Riachuelo, su tributario fiel e igualmente descuidado, cementerio de barcos semihundidos y cloaca de los establecimientos industriales linderos. Ya no hay peces en él, tan sólo miasmas y pestes varias. Hubo un magnífico paseo costero, la Costanera Sur, más conocida en su apogeo como Balneario Municipal. Llevó más de veinte años construirla, entre las décadas del diez y del treinta del siglo XX: una ancha avenida, bautizada Tristán Achával Rodríguez, con un bulevar central realzado por álamos esbeltos, hermosos monumentos y una pérgola asomada al río de la cual pendían en primavera los racimos de glicinas. Los porteños podían allí disfrutar del Plata, relativamente limpio porque se lo dragaba a menudo: un espigón culminaba en la estatua dedicada a la hazaña del aviador español Ramón Franco (hermano de Francisco), quien en 1926, con dos copilotos, cubrió por primera vez en su aeroplano *Plus Ultra* el trayecto desde España hasta la ciudad de Buenos Aires, donde fue recibido por multitudes delirantes.

En las noches de verano de los años treinta, la Costanera acogía a esas mismas multitudes, ansiosas de refrescarse y de creerse, por un momento, a salvo del pegajoso, insoportable verano porteño: declaraba Ortega y Gasset que en Buenos Aires, en verano, resulta imposible pensar. Había restaurantes: un «Múnich» (nombre genérico dado aquí a los restaurantes especializados en comida alemana) muy elegante, obra maestra, fechada en 1929, del arquitecto húngaro Andrés Kálnay, una mezcla de *art déco* y fantasía orientalista; también churrasquerías varias y los inolvidables tablados, con guirnaldas de bombitas de colores, donde cómicos de la legua daban rienda suelta a la más grosera chabacanería. Y, sin embargo, en esos lugares más bien sórdidos, se entrenaron algunos de los actores cómicos más notorios de los decenios siguientes.

Alejada de ese bullicio, abandonada en un rincón poco accesible de la Costanera, aunque a pocos pasos de la Escuela Superior de Bellas Artes, una bellísima fuente de mármol sobrevivía –sobrevive– exiliada por la mojigatería de los porteños de comienzos del siglo XX. Es la obra maestra de una notable escultora argentina, Lola Mora (Dolores Mora de Hernández), formada, alabada y premiada en Italia, donde concibió y esculpió su fuente famosa. Más famosa, tal vez, por el escándalo que suscitó al ser emplazada en el centro de la ciudad, cerca de la casa de gobierno. Atléticos jóvenes desnudos contienen a espléndidos caballos de revueltas crines, encabritados, mientras, más arriba, las nereidas (el nombre oficial del monumento), tan escasas de ropas como aquéllos, alzan en vilo a la mismísima Venus, diosa del amor, que sonríe benévola y extiende un brazo, bendiciendo ese tumulto de cuerpos entreverados. ¿Cómo podía semejante exhibición de belleza física sin tapujos, y de alborozo erótico, ser vista sin sonrojarse por los habitantes de la ciudad, allá por 1900? De inmediato el clero y las damas piadosas clamaron al cielo, y la municipalidad no quiso contrariarlos. Venus, las nereidas, los caballos y sus diestros domadores fueron a parar a donde pocos podrían verlos, y allí están todavía. Desde hace unos cuarenta años hay propuestas de reubicar la magnífica fuente barroca, que no desentonaría en Roma, ni en París, de nuevo en un lugar céntrico. Pero la intemperie, la usura del tiempo y la falta de mantenimiento adecuado la han vuelto, al parecer, extremadamente frágil, y moverla significaría un riesgo fatal. Mejor dejarla ahí y peregrinar para ir a verla: quien lo haga, no volverá defraudado.

A mitad de esta Costanera Sur, hoy tan estropeada, brota en el río la Reserva Ecológica. Una verdadera rareza urbana, nacida por partes iguales de la improvisación y la desidia. El Club Atlético Boca Juniors, uno de los mayores del fútbol argentino y acaso el más popular de todos, intentó crear allí, sobre el río, una Ciudad Deportiva, un colosal emprendimiento inmobiliario y deportivo, con sus instalaciones propias y viviendas de alto nivel. Hará de esto unos treinta años: las obras se iniciaron y, como sucede a menudo en la Argentina, a raíz de imprevisibles vaivenes políticos y económicos, fueron abandonadas. Los terrenos que les estaban destinados y las pocas paredes que se habían alzado, quedaron librados a la intemperie. La naturaleza, como es su obligación, avanzó sobre ellos. Lentamente, como quien vuelve atrás en la lectura, o atrasa las agujas del reloj, la flora y la fauna propias de la región del Plata regresaron a un ámbito propicio. Volvieron las plantas típicas, las aves y los pequeños mamíferos que Charles Darwin, que nos visitó hacia 1833, describiera en su ameno *Viaje de un naturalista alrededor del mundo.* La Reserva Ecológica es hoy una enmarañada selva en miniatura, recostada a orillas del paseo costero. La visitan los turistas y, a menudo, también incendiarios que tal vez sean simplemente descuidados, o tal vez (éste es el criterio más difundido) sicarios enviados por quienes codician esas tierras, con fabulosas perspectivas para operaciones inmobiliarias de alto nivel. El fuego podría abrir caminos a inversiones cuantiosas.

Porque, para no pecar de injustos, reconozcamos que en el último decenio Buenos Aires ha empezado a reconciliarse con el río. A su vera, en los antiguos depósitos de los diques portuarios (un puerto hoy casi obsoleto), moles de ladrillo, de traza bien inglesa, ha surgido el barrio más encumbrado, desde el punto de vista monetario, de la ciudad. Como se hizo en Londres a orillas del Támesis, los depósitos fueron convertidos en carísimos departamentos, en restaurantes de lujo, entre bien cuidados jardines y amplias calles para pasear cómodamente y circular en auto sin problemas, o casi. Con rapidez han surgido torres altísimas y esbeltas, tanto para vivienda como para oficinas: todos son edificios «inteligentes». Las firmas hoteleras más prestigiosas del «primer mundo» han instalado allí sus sucursales, hay casinos flotantes y un bellísimo puente diseñado por el arquitecto Santiago Calatrava. A Puerto Madero, que así se llama el nuevo barrio, siguiendo la denominación tradicional de la zona, se han mudado en masa las figuras, las figuritas y los figurones de la televisión, el deporte, las pasarelas de la moda y, por supuesto, los funcionarios públicos encantados de codearse con toda esa fauna y alardear de su flamante riqueza.

A los viejos porteños, por el momento, Puerto Madero nos resulta tan exótico como el Barrio Chino incrustado hoy en la parte baja de una zona tradicional, Belgrano, antaño pequeña ciudad independiente y anexada a Buenos Aires en 1884. Tan exótico y mucho menos cálido. Porque, aparte de los viejos depósitos de aduana, con los hermosos matices cobrizos de sus ladrillos, Madero (del apellido del ingeniero que lo diseñó) es hoy una colección de edificios blancos, altísimos e impersonales. Todos ellos «inteligentes», según dicen. Todo funciona a botón, u oprimiendo una placa. Casi no hay presencia humana visible. Desde que se toma un ascensor, las voces descarnadas y monótonas, como de doblaje cinematográfico, lo van guiando a uno por interminables, laberínticos pasillos alfombrados, flanqueados de puertas herméticas. No hay un atisbo de luz externa. Y lo de guiar al forastero, es un simple decir. A quien escribe estas líneas, al menos, le ha resultado, hasta hoy, imposible arribar a un apartamento («departamento», decimos acá) o una oficina, en este barrio, sin equivocarse varias veces. Falta de costumbre, se dirá, con razón. Como la falta de la pátina del tiempo: no puede existir todavía, llevará varias generaciones. O, acaso, a las generaciones futuras la pátina del tiempo no les importe en absoluto y les encante vivir en esos túneles apilados, dándole a los botones. La visión de estas avenidas vacías, sobre cuyos flancos no hay todavía tiendas, ni vidrieras, ni farmacias antiguas, es deprimente. Los fastuosos hoteles internacionales, el casino flotante, las fortunas recientes y el poder político han ocupado casi totalmente Puerto Madero. Que les aproveche.

ÁRBOLES

Hay que amarte, Buenos Aires,
para ser árbol y no morir de miedo.

SILVINA OCAMPO

No se sabe si imploran o amenazan. O ambas cosas a la vez. Confieso que no sé el nombre de estos árboles, tan característicos de Buenos Aires. En invierno, desnudos como están, y negros, sus ramas se encorvan en una caligrafía trágica. Parecen desgarrar el cielo gris; parecen manos como garfios, de esas que los malvados, los brujos y los monstruos ostentan en las historietas y en los dibujos animados. Un personaje de *La prisionera*, un drama del italiano Ugo Betti (tan famoso en la década de los años cincuenta, tan olvidado hoy), dice que si muriese y le fuera dado volver a su ciudad, la reconocería de inmediato por los árboles. Creo que me pasaría lo mismo. Al margen de la zona céntrica, en casi todos los barrios de Buenos Aires reinan los plátanos y los fresnos. Los plátanos, en especial, son tan altos y espléndidos como los del Cours Mirabeau, la avenida central de Aix-en-Provence. Los fresnos, de tan bello follaje a comienzos del otoño –oro puro–, al deshojarse fastidian a los porteros y a las dueñas de casa, que protestan por la desmesurada cantidad de hojas que deben barrer de las aceras.

También abundan los jacarandás y las tipas, ambos de hoja perenne. Fue sin duda un notable paisajista el que los ubicó en parques y avenidas, donde sus floraciones alternan desde noviembre hasta marzo, aproximadamente. De color lila son las flores del jacarandá («casi azul no es azul, casi violeta no es violeta», las definió esa gran amiga de las plantas que fue Silvina Ocampo), amarillas las de las tipas.

Las primeras se posan sobre las copas como nubes, casi como galaxias azules, vaporosas. Sus ramos (porque penden en esa forma) duran poco, pero persisten aisladamente hasta cerca del otoño, cuando se despiden. Un mes más tarde, en la verde cascada del follaje de las tipas se abren sus flores, que tienen un inconveniente: exudan gotas de un líquido incoloro y transparente, pegajoso, apto para resbalar.

Originario del noroeste argentino, el palo borracho llegó a Buenos Aires medio siglo atrás y se aclimató sin problemas. Hoy se lo ve en casi todos los paseos y plazas de la ciudad: es el principal –y muy bello– ornamento de la avenida Nueve de Julio, cuyos varios carriles atraviesan el centro de Buenos Aires, del norte al sur. Como el palo borracho viene de un clima seco, atesora agua en su vientre robusto: es un tonel verde oscuro, erizado de espinas cortas. Las flores son bellísimas, muy similares a orquídeas, y se dan en dos variedades, blancas y rosadas. El gran competidor es el lapacho, o tarco, también originario del noroeste argentino. Más alto y esbelto, menos difundido que el palo borracho, lo supera en esplendor floral. No hay muchos ejemplares en la ciudad, pero cuando florecen es imposible no rendirse ante el rosado púrpura de sus copas rebosantes, del color de los ocasos incendiados. Uno en especial, en una esquina de la avenida Figueroa Alcorta, despierta tanta admiración al florecer en primavera, que caravanas de curiosos y turistas acuden a rendirle culto, como a un antiguo dios pagano de la vegetación que hubiese perdurado en estos tiempos descreídos.

Nunca he sabido con certeza si es un sauce llorón, o un aguaribay: de pronto aparece alguno, insólito, que deja llover sus verdes flecos al borde una acera urbana, cuando sabemos que su lugar está a la vera de los arroyos y los estanques, donde refleja su melancolía. No hay muchos en Buenos Aires, y tal vez por eso sorprenden al paseante, destacándose entre las especies más comunes, esas que el porteño distraído ni mira al pasar, porque los árboles no le importan mucho. También hay pocos eucaliptos, salvo en los bosques de Palermo. Con uno de ellos tengo una relación especial, una verdadera amistad. Yo nací en un edificio en la esquina de las calles Juncal y Bustamante; tres cuadras más arriba, en dirección al río, por Bustamante, entre Melo y la avenida Las Heras, se alzan los pabellones del viejo hospital Rivadavia. Donde se cruzan Melo y Bustamante, el paredón del hospital es custodiado por un altísimo eucalipto que ya era un gigante en mi remota infancia. Y ahora que vivo a la vuelta de donde nací, cada vez que salgo a caminar, o a pasear al perro, allí está todavía el centinela colosal, cada vez más alto. Imagino que nos saludamos como antiguos conocidos. Temo por él, porque su tronco, aunque imponente, es frágil y la magnificencia de su aromático follaje es un peso que podría derribarlo en una fuerte tormenta de viento. Sin embargo, han transcurrido más de ochenta años desde que nos conocemos, y él debe de superar de lejos esa cifra.

GROPIUS

En esta fotografía (una de las pocas que guardo de mi actividad profesional), ubicada hoy en un estante de mi biblioteca, tengo todavía algo de pelo oscuro y nada de barba. Sentados ambos en un jardín, converso con un señor viejo que conserva su apostura. Al dorso de la foto, la fecha: octubre de 1967. Él y yo, de perfil, sostenemos sendos vasos de alguna bebida. Ambos, de riguroso traje, camisa y corbata: eran todavía tiempos de exigencia indumentaria. Él ostenta anteojos de armazón gruesa, académica, y una corbata de moño. Es un rasgo característico de la vestimenta de este señor, a través de los años. De muchos años. Porque él se llama Walter Gropius, es el legendario, mítico fundador de la Bauhaus, la escuela de diseño que cambió la vida occidental en la era de la modernidad, a partir de 1919, cuando la escuela se instaló en Düsseldorf, a instancias del gran duque de Weimar (cuyos antepasados fueron los protectores de Goethe), trasladándose posteriormente a Dessau y siendo disuelta por los nazis en 1933. La razón: por cultivar arte degenerado.

Esa mañana me había llamado por teléfono mi amigo, el arquitecto argentino Amancio Williams: «Esta tarde estará en casa Walter Gropius. ¿Querés conocerlo?». Yo trabajaba entonces en la revista de actualidad más importante de la Argentina, *Primera Plana* (que soportaría un destino parecido al de la Bauhaus: la dictadura del general Juan Carlos Onganía la clausuraría en 1969). Tenía, entonces, dos poderosas razones para acudir a esa cita: conocer a Gropius, nada menos, y entrevistarlo. Me encontré con un anciano (nacido en 1883, un año antes que mi padre, moriría dos años después de esta entrevista, en Boston) todavía apuesto, erguido, imponente. Y fatigado, porque esa tarde lo habían sometido a un paseo fugaz por Buenos Aires y sus alrededores. Hablaba con lentitud en un inglés con marcado acento alemán, tomaba aire con un profundo resuello, callaba a menudo, dirigiendo vagas miradas alrededor: la vaga mirada, ausente, de los viejos cuyo iris se engarza en una aureola cenicienta. La tela de la escueta corbata moñito (una tira, apenas) es a rayas verde oscuro y plata. Me intriga la calidad de su piel: cerca de nosotros, entre las plantas del jardín espléndido de la casa de Williams, en el barrio de Belgrano (una preciosa mansión que ya no existe), se destacan las gruesas, anchas hojas de una planta de adorno cuyo nombre sigo ignorando: tienen una textura espesa y lustrosa. Al envejecer asumen un color tostado que es el mismo, lo compruebo en ese momento, del de la piel de Gropius, tan parecida a una corteza añosa.

Pienso que este hombre es uno de los padres del mundo moderno. Sus pares se llaman Picasso, Stravinsky, Einstein, Griffith, Edison, Marconi... Estuvo casado con la gran hechicera vienesa, acopiadora de genios, Alma Mahler (que eligió conservar el apellido de su primer marido, Gustav, el compositor, a quien engañaba con este anciano que me atiende hoy con afabilidad). Junto a él trabajaron Klee y Kandinsky, Moholy-Nagy, Van der Rohe, Breuer, Feininger, Schlemmer. El catálogo completo de la modernidad. Me enfrento con algo así como el Partenón, o las Pirámides. El anciano, casi vegetal (¿o casi mineral, tal vez?: tiene algo pétreo en su aspecto), responde a mi pregunta inevitable: ¿qué impresión tiene de Buenos Aires? No habla de arquitectura sino de urbanismo, otra de sus pasiones: «Hacen falta más espacios verdes», musita, «hay muy pocos árboles, muy poca naturaleza, teniendo en cuenta las dimensiones de la ciudad».

Un estudio reciente corrobora su observación (¡y han pasado cuarenta años!): Buenos Aires tiene 1,77 metros cuadrados de espacios verdes parquizados, por habitante; Nueva York y Bruselas superan el veinte por ciento, Madrid tiene 14 metros cuadrados, París 11,5 metros y San Pablo 5,2.

EL JARDÍN BOTÁNICO

POR alguna razón, a la que obedezco, sumiso, debo seguir hablando de plantas. Éste es el Jardín Botánico, infaltable en cualquier gran ciudad occidental a partir del siglo XVIII. El de Buenos Aires lo creó, promediado el XIX, el presidente Domingo Faustino Sarmiento, quien aspiraba a «educar al soberano» y, además de innumerables escuelas, creó el Botánico, el Zoológico y los jardines de Palermo (equivalente porteño del Buen Retiro, o el Bois de Boulogne).

El Botánico es uno de esos lugares, muy raros en Buenos Aires, donde el tiempo se detiene, el vértigo de la gran ciudad se anula y, misteriosamente, surge un espacio de sosiego. Hasta parece que el estrépito de las avenidas cercanas se diluyese, cosa de magia, frente a las verjas de este recinto apacible, con sus prolijos simulacros de jardín romano, jardín francés, jardín inglés... El resultado es un jardín victoriano, con su casona (donde solía residir, en un comienzo, el director del jardín con su familia) revestida de ladrillo y hiedra, destinada hoy a la burocracia del parque; su encantador invernadero, pedido en préstamo a Viena; sus anchas avenidas con fuentes versallescas, variada estatuaria (mucho desnudo femenino, tomando como pretexto la floración primaveral) y uno que otro monumento insólito. Como el dedicado por la comunidad austrohúngara residente en la Argentina, en ocasión del centenario de la Revolución de Mayo, en 1910: un obelisco de mediana altura, rodeado en su base por vitrinas donde al inaugurarlo se expusieron ejemplares de los instrumentos científicos más avanzados de la época (barómetro, reloj, termómetro, etcétera). De los que nada queda, por supuesto, dada la legendaria propensión de los porteños a llevarse recuerdos de los lugares por donde pasan. Un dato curioso: diseñó y construyó este monumento un ingeniero nacido en Dalmacia, emigrado a la Argentina, de apellido Markevitch y padre de Dora Maar, la célebre amante de Picasso, que vivió su infancia y parte de su adolescencia en Buenos Aires, de la que partió a los diecisiete años para ir a estudiar fotografía –y, al parecer, anatomía comparada– con Man Ray, en París.

Otro dato curioso: hace poco, la investigación periodística reveló por televisión, con imágenes captadas por cámara oculta, que algunas personas, al morir y ser incineradas, habían logrado su deseo póstumo de ser sepultadas en el Botánico. Empleados infieles, a cambio de sumas importantes, enterraban las urnas en los lugares elegidos, tarifados según la ubicación. Este increíble comercio duraba ya desde varios años atrás, y no fue fácil desbaratar la macabra red de aprovechados burócratas.

El Botánico se mantiene milagrosamente intacto, en esta ciudad de vertiginosos cambios, a menudo contradictorios. No ha podido evitar la proliferación de algunas estatuas detestables, pero sigue siendo un lugar ameno, favorito de los enamorados, los ancianos nostálgicos, como yo, y los fotógrafos aficionados. En verano se presta para conciertos y teatro al aire libre. Su elenco estable es gatuno: hay decenas de gatos, de todos los pelajes y tamaños imaginables, algunos muy hermosos. Y rozagantes, porque, como en todas las grandes ciudades del mundo, un ejército de señoras compasivas pasa a diario, a toda hora, para alimentar a las sucesivas (y muy prolíficas) generaciones de felinos. En vano se ha intentado varias veces suprimirlos (se lo hizo en un tiempo, cruelmente), hasta que el gobierno de la ciudad se resignó a mantenerlos, aunque se los acusa de ahuyentar a los pájaros. Cuya ausencia es notoria en el Botánico, salvo por un enorme árbol, sobre la avenida Santa Fe, donde desemboca la calle Armenia, morada de una inmensa bandada de palomas que de vez en cuando, con gran alboroto y planeando en vuelo rasante, baja a la vereda a picotear los granos aportados por las benefactoras de las aves (enfrentadas, como es de suponer, con las del bando gatuno).

Lo más que puede hacer hoy el gobierno de la ciudad es colocar carteles donde se insta a los vecinos a no abandonar en el Botánico a los gatitos recién nacidos, y entregarlos a la Sociedad Protectora de Animales. Otra creación, dicho sea al pasar, del presidente Sarmiento.

Ni siquiera en invierno es melancólico el jardín. Tal vez un poco, sí, en otoño. Bajo el sol o la llovizna, siempre que puedo doy una vuelta por sus sendas (vivo relativamente cerca y todos los domingos almuerzo en un restaurante de la acera opuesta), para sosegarme y olvidar por un momento el tremendo resuello de la gran ciudad. Para esos días invernales, Silvina Ocampo (imprescindible cuando se trata de las plantas de Buenos Aires) escribió, en su libro *Poemas de amor desesperado* (1949): «En los senderos grises del invierno / están las plantas del Jardín Botánico / donde canta un zorzal dulce y tiránico / capaz de agravar cualquier infierno /con su canto mecánico».

ORNITOLOGÍA FANTÁSTICA

«TORRES Zapico», proclamaba la firma, al pie de las extrañas criaturas pintadas en la piedra. Piedra falsa, pura escenografía: eran unas rocas de cemento, disfrazadas de rocas verdaderas, confesión de culpa de una época que, invasora y destructora de la naturaleza, se empeñaba en fingirla y armaba, en la ciudad mercantil y vertiginosa, un escenario bucólico. Y Torres Zapico (sea quien fuere quien haya sido) aprovechó la ocasión para desplegar un prodigioso alboroto de aves inexistentes, en las que se mezclaban rasgos de las especies más variadas. Todas ellas suntuosas y espléndidas, auténticas aves del Paraíso, portadoras de airones como galaxias, de colas desplegadas en abanico como las del pavo real, pero más lujosas aún; de picos desmesurados, garras casi leoninas, ojos como pedrerías. ¿En qué mundo vivían o vivieron estas criaturas de fantasía? Nunca se sabrá. Porque, inclemente, la ciudad decidió aniquilar un día esa fauna exótica, y canceló sus imágenes. Andando el tiempo (no mucho) canceló también aquellas rocas de utilería, las barandas de falsos troncos, los bancos hechos con ramas de cemento. Todo fue barrido por el supuesto progreso. Y así, uno de los rincones más bellos y misteriosos de Buenos Aires desapareció, como tantos otros, sin que los vecinos, los habitantes, los ciudadanos, pudiésemos (o deseáramos) opinar sobre algo tan entrañable, tan ligado a nuestra vida cotidiana como es el vasto escenario donde se interpreta el grotesco urbano.[1]

---

[1] Género teatral específicamente argentino derivado de su homónimo italiano (Pirandello, De Filippo), mezcla inextricable de tragedia y comedia a la vez, a me-

Esto fue a metros del cruce de dos importantes avenidas, Pueyrredón y del Libertador, sobre la primera de ellas, donde el terreno se eleva en una barranca, antaño limitadora del deslinde de la ciudad con el Río de la Plata, que hasta ahí llegaba. Se ascendía la barranca por una escalera cuya baranda fingía ser de troncos, así como las rocas de cemento procuraban ser convincentes testimonios de rusticidad auténtica. En lo alto, el paredón del asilo de ancianos General Viamonte proponía un escenario italiano: sobre cada pilastra del contrafuerte, una estatua de mármol (las cuatro estaciones, una señora emplumada representando a América, Colón con el globo terráqueo en una mano); en el centro del paredón, una fuente con *puttini* que sostenían una gran vasija de la que manaba el agua. Era un lugar sombrío y encantador. La fuente sigue estando ahí, y las estatuas sobre sus zócalos. Algo ha cambiado, sin embargo: hay demasiada luz ahora, la ilusión de jardín italiano se ha desvanecido, como los pájaros imaginarios de Torres Zapico. Quisiera creer que en una ciudad donde la cultura ocupase el lugar que se merece (y que ha venido conquistando en estos últimos años, sobre todo desde la crisis feroz de 2001), esos murales se habrían conservado, bajo una cobertura de acrílico, o algo así. No sé si se hubieran respetado, en cambio, las barandas y los bancos de falsos troncos. Con el tiempo, el cemento se aja y aparece, en su desnudez patética, el alma del simulacro, de hierro oxidado. Toda esa ficción pintoresca fue abolida, hace mucho tiempo, en plazas y parques de la ciudad; queda una casa, en Palermo Viejo (se dice que en ella vivió un tiempo Carlos Gardel), que ha preservado en su frente los troncos y las ramas de mampostería, como la traza de un decorado de ópera obsoleto. Y hubo, hasta los años setenta, otra casa, admirable, en la primera cuadra de la ave-

---

dias entre lo intolerable y la resignación (por vía del humor negro). Se lo considera la más exacta definición del estilo nacional de vida.

nida Cabildo, que fingía una gruta: una gruta enorme, en la que se abrían puertas y ventanas *art nouveau*. Tuvimos la esperanza de que se conservara, porque era un ejemplar único, pero en su lugar tan sólo queda hoy un terreno baldío, con la última, solitaria palmera del jardín profanado.

Había una de esas falsas grutas, en el fondo de un pasaje abierto a mitad de cuadra en Vicente López entre Montevideo y Rodríguez Peña. En ese pasaje vivía una señora, Sarita se llamaba, que le hacía los sombreros a mi madre. No había para mí en esos años (entre los treinta y los cuarenta del siglo pasado) placer mayor que mi madre me llevara a la casa de su sombrerera. Lo que me importaba era la gruta falsa, porque en el estanque abierto a sus pies nadaban unos pececitos rojos cuyas evoluciones me hipnotizaban. Yo quería quedarme allí, asomado al estanque, y mi madre me arrancaba de la contemplación porque años antes, cuando yo era muy pequeño, un chico se había ahogado en otra gruta de cemento, que fingía una cascada, en los jardines de la Recoleta. Aparentemente, ése fue el comienzo del fin de aquella ficción ingenua con la que el siglo XIX manifestó su ambigua nostalgia de la naturaleza.

JINETES DE BRONCE

HACE muchos años, caminando un día por Roma, al azar –la mejor manera de recorrerla–, pasé junto a un edificio enorme y anodino. De una planta, a lo sumo dos (no recuerdo bien); nada de particular, una larguísima pared horadada por ventanas iguales, sin ningún rasgo ornamental ni de estilo, pero seguramente antiguo, puesto que estaba en una calle lateral del centro histórico. Me detuve en seco ante el espectáculo que de pronto me reveló una de las ventanas, abierta de par en par. Se veía un ámbito enorme, un depósito, o galpón. En él, hombres provistos de delantales protectores y de máscaras con visores, atacaban con sopletes llameantes una estatua de bronce, suspendida del techo por un aparejo. Era el Marco Aurelio de la plaza del Campidoglio, ausente desde hacía tiempo de su pedestal en el centro del pavimento geométrico diseñado por Miguel Ángel. Lo estaban restaurando: el emperador, por completo desprovisto de majestad y como sorprendido en un acto íntimo, hacía una figura algo ridícula, suspendido en el aire con las piernas abiertas, sin caballo que lo sostuviese y sometido a la dudosa caricia de las llamas. Lamenté no tener a mano en ese momento la cámara fotográfica, no sólo por lo insólito de la escena, sino también porque tuve una súbita revelación: lo efímero de la representatividad mundana y el carácter de mero objeto de metal en que se había convertido la efigie majestuosa que preside una de las plazas más bellas del mundo. Es verdad que Marco Aurelio, una vez devuelto a su prestigioso zócalo, ha seguido dominando y rigiendo la armonía del Campidoglio y sus tres palacios, meta cultural y turística. Pero es verdad también que se trata de un objeto de bronce, casi doméstico y, con seguridad, casi invisible para los romanos, tan afectos a hacer de la calle su ámbito privado. A Marco Aurelio le pasó lo que dice Malraux, en *Las voces del silencio*, de las imágenes religiosas, ya vengan de la antigüedad pagana o de los siglos cristianos: perdieron su condición de intercesoras válidas entre la divinidad y los feligreses, han sido despojadas de su aureola sobrenatural y son ahora obras de arte, habitantes de los museos, aunque algunas permanezcan en el sitio original de devoción para el que fueron destinadas.

Antes y después de la Edad de la Fe, los jinetes de bronce han aspirado a ejercer una mediación similar en el ámbito laico. Debían servir de modelo a las generaciones, sobre todo a las futuras, hablándoles de un pasado rector. Las estatuas ecuestres enseñaban las virtudes castrenses –pundonor, austeridad, serenidad, templanza, magnanimidad, autoridad– y las virtudes que todos los ciudadanos comunes debían también ejercitar, tal vez en forma atenuada pero no por eso menos exigente. Un guerrero triunfante, un soberano benévolo, un ciudadano ejemplar adquieren mucha más majestad y autoridad si se los representa a caballo y no encaramados en una columna o un pedestal.

Buenos Aires, que hace mucho dejó de tener esculturas realmente valiosas en la vía pública, posee dos de las estatuas ecuestres más hermosas del mundo (no exagero), de comienzos del siglo XX. Ante todo, la más hermosa de toda esa centuria, sin par en ninguna otra gran ciudad de Occidente: el monumento del brigadier general Carlos María de Alvear, obra de Antoine Bourdelle, inaugurado en 1927, en el punto en que se bifurcan las avenidas del Libertador y Alvear. Y de pareja calidad, aunque mucho menos espectacular por hallarse encajonada en una estrecha plazoleta céntrica, en una esquina donde se cruzan las calles Viamonte y Suipacha, la del coronel Manuel Dorrego, obra maestra del escultor argentino Rogelio Yrurtia. Dorrego, cabeza del partido federal en tiempos de las guerras civiles que desgarraron la Argentina a comienzos del siglo XIX, apenas declarada la independencia de la Corona española, siendo gobernador de la provincia de Buenos Aires fue inicuamente depuesto y fusilado por el unitario Juan Lavalle, a instancias de un grupo de políticos aviesos que creyeron resolver de esa manera un pleito que subsiste hasta hoy: la oposición entre porteños, entonces dueños del puerto de Buenos Aires y de los derechos de aduana, y provincianos, reducidos a meros partiquinos del poder central. Dorrego parece no cuidarse del andar de su caballo, se deja llevar, la cabeza erguida, la mirada en la lejanía. El noble animal es conducido por una mujer que lo lleva de la brida; pero esa mujer tiene la cabeza velada, se cubre los ojos con una mano. Es la Fatalidad, que lleva al héroe al abismo, no hacia la cumbre que él avizora. A los costados del zócalo, por debajo de la figura ecuestre, otros dos personajes, uno de cada lado: una mujer que simboliza la Historia, y un magnífico desnudo de adolescente, aprisionado, atenazado por una serpiente enorme que abre la boca para morderlo: es la Envidia, el reptil traicionero que lo ahoga entre sus anillos. La sencillez del conjunto y la elegancia de las proporciones evitan cualquier asomo de barroquismo: el monumento es de una sobriedad ejemplar.

Y puesto que unos párrafos más arriba hablamos de héroes encaramados en columnas, una de éstas, en pleno centro de Buenos Aires, erigida en homenaje a Juan Lavalle, el asesino de Dorrego, dio lugar a una historia que figura en los anales porteños con un acento que remite a antiguas leyendas de odios ancestrales y reivindicaciones póstumas.

El lector me permitirá inmiscuirme personalmente en el relato, porque éste tiene alguna vinculación con mi infancia. Allá por 1931, a mis seis años, mis padres comenzaron a llevarme al Colón, el mayor y más espléndido teatro de ópera de la ciudad y de Sudamérica. Solíamos ir a la función del domingo por la tarde, a fin de volver a casa a una hora razonable. El Colón ocupa una manzana íntegra, con entrada principal sobre la calle Libertad, otra posterior, sobre la calle Cerrito, y en los flancos las calles Tucumán y Viamonte. Está, plaza Lavalle de por medio, frente al Palacio de Justicia, o Tribunales. En el cruce de las calles Libertad y Tucumán fue erigida, hacia 1920, la columna de mármol blanco en honor del general Lavalle, representado de pie sobre el capitel, en lo alto de un fuste esbelto. Quizá fue casual que el monumento lindase con la espléndida mansión de la familia Miró Dorrego y Llavallol, ocupante, con su palacio y su parque, de la manzana entre Libertad, Viamonte, Córdoba y Talcahuano. El gran edificio era uno de los más curiosos de Buenos Aires, obra de un arquitecto italiano que se inspiró en las plantas elípticas concebidas por Borromini. Allí se había ofrecido, en 1910, un fastuoso baile en honor de la infanta Isabel de Borbón, visitante ilustre de la Argentina en ocasión de celebrarse el centenario de la Revolución de Mayo. No fue con agrado como los Miró Dorrego y Llavallol recibieron la implantación, como quien dice en sus narices, de la columna en honor de quien había fusilado, en 1820, a su antepasado, el coronel Dorrego. Empezaron por tapiar las ventanas que miraban hacia el monumento y terminaron por abandonar definitivamente su palacio: cerraron las puertas y se fueron, sin más.

Cuando me llevaban al Colón, allá por 1931, la maleza había transformado el parque de los Miró en una verdadera selva, en la que pululaban los gatos, únicos habitantes (acaso en compañía de algún mendigo, o vagabundo) de la mansión. Ésta se hallaba poco menos que en ruinas y los efluvios gatunos se expandían, insidiosos, por todo el barrio. Cuando pregunté a mis padres qué era esa casa, a medias derruida, en medio de una jungla y un hedor insoportable, me contestaron: «Es el palacio de los gatos». Un chico puede creer que, efectivamente, los gatos sean propietarios de semejante residencia, y así quedó instalado en mi imaginario, para siempre, el palacio Miró. Hacia 1940 lo derribaron y transformaron el parque en la continuación de la plaza Lavalle hacia el norte. Allí se alza ahora, sobre la avenida Córdoba, el mezquino monumento a Hipólito Yrigoyen, dos veces presidente de la República (derrocado, en la segunda presidencia, por el golpe militar de 1930); y en Córdoba y Libertad, el dedicado al famoso actor cómico argentino Florencio Parravicini, frente al espléndido Teatro Cervantes, edificado en 1921 por la pareja de actores españoles María Guerrero y Fernando Díaz de Mendoza, favoritos durante muchos años del público porteño.

LOS PINTORES

La ciudad de Buenos Aires tuvo su primer cronista gráfico en el alemán Ulrico Schmidl, miembro de la expedición de don Pedro de Mendoza, que también describió en palabras, con agudeza de periodista, el desastre de aquella fundación inicial, en 1536. Sus dibujos rudimentarios, ingenuos, con mucho de infantil en la perspectiva y los trazos, muestran una mísera aldea de chozas de adobe con techumbre de paja, y la frágil muralla que la separa del acecho implacable de los indios, que terminaron por arrasarla. No faltan el cadalso, los cadáveres que penden de él y los que, desesperados de hambre y habiéndose agotado perros, ratas y caballos, devoran a los ajusticiados. Mientras, en su yacija, Mendoza, que fue espléndido cortesano y gran soldado, partícipe del saqueo de Roma en 1527, agoniza devorado por las llagas de la sífilis.

De la ciudad posterior y definitiva, la refundada por don Juan de Garay en 1580, no nos ha quedado un retrato sino la planta edilicia, con su minucioso reparto de lotes urbanos y del cinturón de quintas, con la acostumbrada Plaza Mayor rodeada por los edificios del gobierno y la iglesia matriz. Desde fines del siglo XVIII, los artistas viajeros que, casual o deliberadamente, pasan por aquí, dibujan la traza de este caserío modesto del que sobresalen únicamente las torres y las cúpulas de las iglesias, que ya son numerosas. La mirada del dibujante parte, siempre, del río; la indolente masa fangosa y chirle que lame las barrancas, sobre las que se divisa una mínima vegetación achaparrada. Las barrancas siguen en pie, marcando, en todo el perímetro de la costa, la frontera entre el recinto urbano y el Plata. El gran río ha ido cediendo, a lo largo de tres siglos (ya vamos por el cuarto), su imperio a la ciudad. Sobre esos terrenos recuperados se asientan hoy los edificios más altos y suntuosos de Buenos Aires, las torres, apeladas inteligentes, hoteles y casinos. Inquieta pensar que tanta riqueza se haya erigido sobre barro, aunque existen también islotes de sólida tosca; y más abajo aún, ¿qué?

Volvamos a nuestros artistas viajeros, que dejaron un retrato fiel de la pequeña y frágil Buenos Aires de comienzos del siglo XIX. Muestran edificios de adobe y ladrillo, nunca de piedra (que no la había en las inmediaciones, a diferencia de la vecina y más modesta Montevideo, en la orilla opuesta). El suizo Hipólito Bacle, el inglés Emmeric Essex Vidal, el francoitaliano Charles-Henri Pellegrini, el alemán Moritz Rugendas, dibujaron, grabaron y pintaron a «la gran aldea». Así la denominó, con intención peyorativa y burlona, a mediados de aquella centuria, Lucio Vicente López, novelista que dio ese título a su libro más celebrado, en el que asiste a los primeros brotes de la futura gran metrópoli.

Esos retratos de la ciudad, mejor dicho, de la vida de la ciudad desde fines del siglo XVIII hasta mediados del XIX, hablan de una existencia modesta –sin los alardes lujosos de Perú o México, los virreinatos opulentos–, circunspecta, pero muy animada, con gran actividad comercial. Ésta fue y seguirá siendo, siempre, el rasgo primordial y característico de Buenos Aires. Las estampas de Vidal, Pellegrini y el argentino Carlos Morel contemplan con serena objetividad una sociedad plácidamente burguesa, sin lujo en sus niveles superiores, ni miseria en los de más abajo (sí, pobreza: «pobres habrá siempre»). Las familias acomodadas viven en residencias amplias y sencillas, de paredes encaladas y pisos de baldosas o ladrillos, con buenos muebles de caoba (por lo general, obra de ebanistas portugueses afincados en el Brasil), pero no más de los necesarios; espejos peruanos con marcos de plata labrada y, eso sí, un despliegue considerable de platería. Nada, o muy poco, de tapices, u obras de arte, salvo las imágenes piadosas, en su mayoría también procedentes del Alto Perú. La riqueza está en los mates y las correspondientes pavas y anafes, de plata y oro, hechas por orfebres portugueses o brasileños. La vajilla es muy simple, aunque suelen importarse juegos de porcelana francesa, decorados ocasionalmente con paisajes rioplatenses. La simple loza inglesa es la de uso cotidiano, y la de factura española (Alcora, Talavera) se reserva para los objetos de adorno, floreros, tarjeteros, jardineras.

Desde esas tempranas estampas observamos ya la imagen de una sociedad eminentemente mercantil, con aspiraciones cosmopolitas, muy al tanto de las novedades y los cambios de la moda en Europa, aunque ciñéndose a pautas parsimoniosas en cuanto a gastos. La comida es también muy sencilla y natural: lo que la tierra produce y no mucho más, con predominio (hasta hoy) de la carne vacuna y los productos de la chacra o la huerta: huevos, verduras, frutas. Vinos, los de la tierra, o el de la parra doméstica. La calle ve desfilar a los más variados vendedores ambulantes, muchos de ellos a caballo, lo mismo que los mendigos. En una esquina, un par de indios, desnudos los torsos bajo las mantas coloridas que también los cubren de cintura para abajo, atienden un pequeño local donde venden artículos de cuero, platería, abanicos y pantallas hechos de plumas. ¿Serán dueños del comercio, o tan sólo sus dependientes? Más allá, pasan el vendedor de velas de sebo (a pie) y el lechero, a caballo, con sus grandes odres de cuero de vaca. Casi todos visten camisas y pantalones rústicos, y se cubren con ponchos a rayas azules y blancas, o de tonos pardos; calzan alpargatas o sandalias. La dama de pro va a misa, seguida por su negrito esclavo portador de la pequeña alfombra en que la señora se arrodillará a rezar sus plegarias. Es cosa seria la devoción en la Buenos Aires hispánica, pero proliferan los librepensadores que de contrabando reciben las obras prohibidas de los filósofos franceses. Los contactos sociales, familiares o amistosos, abundan. A los porteños les gusta la tertulia, la taza de chocolate al anochecer (la taza es de plata o de porcelana europea), el concierto de piano o el recital de canto, improvisados, pero al día en cuanto a las partituras recién llegadas de Europa; bailar el minué, hasta atreverse al vals, en su momento; conocer lo último en ópera, estrenado en París o en Milán; estar al tanto de todo lo que ocurre en el mundo, ya sea en cultura como en política, en modas y costumbres. Somos y seguimos siendo cosmopolitas y un poco (bastante) europeos desterrados.

Pío Collivadino (1869-1945), pintor académico pero en modo alguno convencional, que había estudiado en Italia con una beca del gobierno argentino a fines del siglo XIX, al volver a la patria dedicó gran parte de su caudalosa obra a registrar los cambios que aceleradamente experimentó Buenos Aires desde el centenario de 1910 hasta mitad del si-glo XX. Conservamos sus testimonios sobre la apertura de la Diagonal Norte, por ejemplo, o la perduración del último farol a gas que todavía se encendía, allá por 1930, en un suburbio. Sus imágenes, entre impresionistas y, a veces, casi puntillistas, tienden a ser –con una técnica rigurosamente figurativa, pero muy libre, muy suelta– veloces apuntes donde lo atmosférico, la luz, envuelve a multitud de personajes siempre atareados y reducidos a una escala de hormigas, en contraste con los vastos espacios y las colosales construcciones que los rodean.

Augusto Marteau, que se confesaba nonagenario en una entrevista de 1980 y que había pasado por el taller de André

Lothe en París y admiraba a Braque («por su valentía»), a Matisse, Dufy y Kokoschka («a Picasso lo admiro en su primera época»), registró en sus óleos y apuntes una ciudad ya «hecha» (no, como la de Collivadino, en perpetuo proceso de cambio), más convencional, si se quiere, pero con un particular encanto: serena, sosegada en plazas y rincones amables, con parejas del bracete y niñeras que vigilan a los infantes. Nada «naïf», ni de tarjeta postal: la paleta es refinada, el empaste es vigoroso, la luz tiene la calidad tan particular del cielo de Buenos Aires, que ha podido conservarse mucho más limpio que el de Santiago de Chile o el de México D. F. Gracias, probablemente, a la vasta apertura hacia el río y la pampa, que disuelve las nubes tóxicas.

Luis Gowland Moreno, fallecido hace unos años y activo sobre todo entre las décadas de los años treinta a los setenta, partió de una visión figurativa de Buenos Aires, cercana a la de Collivadino y Marteau, para desembocar en una mirada original, curiosa, que lo condujo a la abstracción: reprodujo en sus telas los inesperados collages ofrecidos por paredes desnudas, empalizadas de obras en construcción y, en fin, cuanto espacio resulte propicio, según van pegándose y despegándose, al azar, los afiches, los cartelones publicitarios, la propaganda política o las frases (no alcanzó el pintor la era actual de los «graffiti» deliberados) en que se condensan rivalidades futboleras o querellas entre vecinos.

El pintoresco barrio de La Boca, reducto original de marineros e inmigrantes italianos –tan característico y tan promocionado que prefiero dejarlo fuera de estas páginas y derivarlo a las guías convencionales de turismo–, produjo toda una escuela de pintores dedicados a reflejarlo en sus aspectos más pintorescos y en su tan particular colorido. El más famoso, Benito Quinquela Martín, con su pincelada untuosa, capaz de evocar el lento ondular de las aguas inmundas del Riachuelo –un modesto afluente del Plata, convertido, gracias a los desechos de las fábricas que lo bordean, en una cloaca donde se agruma una sustancia oleosa y fétida– y reflejar en ellas la policromía de los barcos que solían frecuentarlo, la actividad de los estibadores, la telaraña urdida por mástiles, jarcias y la trama de hierro del gran puente transbordador, hoy fuera de uso. Sin negar las virtudes dinámicas y cromáticas de la obra de Quinquela, prefiero, entre sus colegas boquenses, la refinada poesía de Miguel Carlos Victorica, el lirismo (al borde de lo patético) de Fortunato Lacámera y la austera, misteriosa estilización alcanzada por Víctor Cúnsolo (italiano acriollado) en *La vuelta de Rocha*, el cuadro que yo trataría de salvar si un incendio devorase el Museo Nacional de Bellas Artes. En contraste con la algarabía de Quinquela, el arte de Cúnsolo es silencioso, cóncavo, azul.

Victorica, a quien mencionamos en el párrafo anterior, produjo también otras vistas de Buenos Aires no limitadas a su barrio de La Boca. Sobre una de ellas, *Parque Lezama* (el antiguo, umbroso parque donde se alza la casona del Museo Histórico Nacional, una visita aconsejable), su colega Miguel Ocampo ha ejecutado unas espléndidas variaciones. Antonio Berni, reconocido entre los maestros mayores del arte argentino, siempre preocupado por los indigentes, los carenciados, los marginados de la sociedad, es el creador de un personaje, Juanito Laguna, protagonista de una de sus más celebradas series temáticas. Juanito es el niño pobre, pobrísimo, que desde su infancia desvalida ve, con aterradora lucidez pero también con honda poesía, la gran ciudad que lo desdeña y la «villa miseria» atroz, de arpillera, cartón y lata, en la que le tocó nacer. *Villa Tachito,* de 1959, es uno de sus óleos en los que la pintura se fusiona con esas diversas materias, con un efecto de collage angustioso, más dramático (por no decir trágico) pero emparentado, al fin, con los del refinado Gowland Moreno. El artista que mejor refleja la ciudad de este tiempo es Rómulo Macció: él firma dos visiones ineludibles de Buenos Aires en el tránsito del siglo XX al actual: la de un Teatro Colón fantasmal, como ardiendo en la noche (acaso premonición de la odisea vivida en los últimos años por ese edificio emblemático) y una de las silenciosas, misteriosas galerías del subterráneo –el Metro– porteño, al que llamamos familiarmente, el «Subte». Otro intérprete admirable de la poesía urbana fue Marcos Tiglio, refinado colorista que otorgó a sus panoramas de la ciudad una cualidad casi onírica, misteriosa: su visión de la trapezoidal plaza Güemes, en el barrio de Palermo, con las torres de la gigantesca basílica del Espíritu Santo, es de una belleza trágica incomparable.

EL ZOOLÓGICO

UNA pagoda, un templo hindú cuajado de dioses y demonios, un quiosco egipcio, una cabaña lapona, una arquería musulmana, una vasta pajarera de alambre inspirada en el Taj Mahal... Apoteosis del simulacro: a orillas del lago de los patos y los cisnes, las ruinas de un templo egipcio de tiempos bizantinos. Ruinas falsas, por descontado. Más allá, el pequeño templo circular de Vesta, en Roma, alberga los sanitarios para hombres. No falta el puente japonés, ni el torreón medieval, con almenas y troneras, que fue, hasta no hace muchos años, el hábitat de los osos polares. Buenos Aires tuvo así, desde el último tercio del siglo XIX, una anticipación de lo que un siglo después serían, en territorio norteamericano, Disneylandia y Disneyworld, esas amenas falsificaciones destinadas al esparcimiento de multitudes. Sólo que por ser obra, la fantasía porteña, de severos funcionarios de época victoriana, no fue realizada con ánimo de diversión sino de didáctica.

El Jardín Zoológico de Buenos Aires, inaugurado el 11 de noviembre de 1875 por el presidente de la República, Domingo Faustino Sarmiento, en terrenos que fueron del quintón de Juan Manuel de Rosas, tuvo el mismo propósito civilizador de su vecino de enfrente (avenida Las Heras de por medio), el Botánico. Educar al ciudadano era la consigna. Humanismo práctico: se trataba de compensar la mecanización de la vida, en pleno apogeo de la revolución industrial, con un acercamiento (prudente) a la Naturaleza. De paso, así como en el Botánico cada planta muestra un cartelito con su nombre y apellido según la clasificación de Linneo, su designación popular y algún dato útil, en el Zoológico se procuró alojar a cada especie en un ámbito que recordase el original. La jirafa tuvo, y tiene, su mezquita en miniatura, con arcos que remedan los de la catedral de Córdoba (la española). Los cóndores y las águilas planean sobre modestos Andes de cemento pintado, en un jaulón inmenso. Los elefantes rinden pleitesía a la diosa Namashi, de Mumbai, en la India, en el pabellón cuya fachada reproduce, por obra del arquitecto Vicente Cestán, la de su templo *in situ*. Los babuinos ostentan sus repugnantes traseros inflamados en un templete egipcio que les queda estrecho. En los últimos años, muchos de estos recintos están vacíos y permanecen tan sólo como elementos decorativos del pintoresco paisaje: los grandes felinos y los osos han sido trasladados a ámbitos mucho más adecuados para ellos y para la seguridad del público.

A diferencia del Botánico, que es un oasis de calma y frescura, y de bienvenido silencio, el Zoo ha devenido en parque de diversiones, abigarrado, festivo, insólito por momentos, cuando las huidizas liebres patagónicas y los lujosos pavos reales se cruzan en los senderos con las multitudes dominicales. Incontables generaciones de porteños han traspuesto, a lo largo de un siglo y medio, el austero arco triunfal romano que da acceso al predio, de dieciocho hectáreas. A las puertas del Zoo, nada ha cambiado desde la remota infancia de quien escribe estas líneas: vendedoras de golosinas, de globos, de molinetes, proclaman a voz en cuello las virtudes de sus mercancías, y los coches de punto, o placeros, o «mateos», como se los conoce popularmente, siguen ofreciendo un paseo por los alrededores de la plaza Italia, en la que convergen los extremos de ambos jardines, el Botánico y el Zoológico. Se los llama así por el nombre del caballo que, en una de las más desgarradoras piezas del género denominado «grotesco criollo», obra del gran dramaturgo argentino Armando Discépolo, arrastra uno de esos carruajes, al declinar los años veinte del siglo pasado, cuando el automóvil ya era dueño de la calle. La pieza se llama, justamente, *Mateo*, y prevé la inminente desaparición de ese medio de transporte: en 1910 circulaban 4.700 «mateos» por Buenos Aires, hoy quedan apenas ocho. Apostados siempre frente a la entrada del Zoo, pintados de colores vivos o de blanco, pródigos en cascabeles, filetes dorados y asientos confortables, alegremente anacrónicos. Amables espectros: casi proustianos.

REMANSOS

TODAS las grandes ciudades los tienen. Hasta Nueva York. Son esos lugares donde, en medio del tráfago incesante y del ruido invasor, el tiempo parece de pronto detenerse y permitir el ingreso en otra dimensión, hoy tan difícil de encontrar: la del silencio. Los hay en París, en Roma, en Londres. Escasean en Buenos Aires, salvo que se viva en un barrio periférico: en pocos de ellos reina el silencio, todavía.

Aparte del Jardín Botánico –remanso obvio, por la vastedad de sus dimensiones–, hay dos lugares en la ciudad que resultan singularmente propicios para la experiencia del aislamiento sonoro y la placidez mental. No es casual que ambos sean jardines de sendos museos: el Larreta y el Fernández Blanco. Quizá sea, sí, casual, que ambos se ocupen de arte español, o vinculado a España. El Larreta lo declara explícitamente en su nombre oficial: Museo de Arte Español. El segundo lo es de Arte Hispanoamericano. Y ambos evocan, en sus respectivas sedes, esas atribuciones. Enrique Larreta fue un escritor argentino, que en 1908 publicó *La gloria de Don Ramiro*, novela que transcurre en Toledo en el siglo XVI y que parece redactada en esa misma fecha, por el anacronismo de un lenguaje tan deliberadamente castizo que para el oído actual roza la parodia. Casado con una riquísima heredera (cuya madre fue la mujer más rica de la Argentina a fines del siglo XIX y comienzos del XX), Larreta resolvió transformar la mansión de traza barroca-ecléctica, regalo de bodas de su suegra, en un palacete seudoespañol tirando a sevillano. Con el apoyo de Martín Noel, arquitecto argentino especializado en ese estilo, lo consiguió: la casa es muy bella y recrea con asombrosa fidelidad y mediante el uso de materiales traídos de España, más muebles y antigüedades auténticas, una residencia andaluza. Con el agregado de un hermosísimo jardín (la propiedad abarca una manzana entera en el barrio de Belgrano), también inspirado en modelos del sur de España. Ideal para divagar por los senderos intrincados, sentarse a oír la música de las fuentes de azulejos, leer al amparo de los cipreses y junto a los cercos de boj, o contemplar uno de los pocos ejemplares de gingko biloba, árbol sagrado de la India, existentes en la ciudad. Un detalle, al pasar: los muebles del dormitorio de Enrique Larreta, abierto al público, son de estilo francés.

El jardín del Larreta disfruta, por su ubicación en un barrio que fue de casas bajas y por su extensión, de un vasto cielo abierto. El jardín del Fernández Blanco, en cambio, ubicado en pleno centro, a pocos metros de la rugiente y furiosa avenida del Libertador, una de las arterias de mayor tráfico de la ciudad, está acotado por las altísimas torres de departamentos que lo cercan. Lo cercan, pero no lo dominan. Porque, cuando se está en ese ámbito apacible, las torres desaparecen, el ruido de los motores se atenúa, el silencio desciende (¿o asciende?) como un agua refrescante. Éste es también un palacete debido al talento del arquitecto Martín Noel y fue hecho, en los años veinte del siglo anterior, para residencia de él y su hermano Carlos, por entonces intendente de Buenos Aires, con sus respectivas familias. Son, en realidad, dos casas, una que da directamente a la subida de la calle Suipacha, entre Libertador y Arroyo, y que incluye la capilla, que era el estudio del arquitecto, habitante de ese sector; y otra, donde vivían Carlos y los suyos, en que están los salones de recepción. Verdaderamente espléndidos e inspirados, así como la fachada de este edificio, en la arquitectura colonial hispanoamericana. De ese mismo origen son las magníficas colecciones exhibidas: muebles, utensilios, imágenes religiosas, retablos y pinturas, peinetones –los descomunales parientes de la clásica peineta española, labrados en carey por un tal Manuel Marcelino Masculino, usados en la Argentina entre 1820 y 1850, aproximadamente–, abanicos, platería criolla, custodias, incensarios, vajilla. Los tiempos abarcados por estas ricas colecciones se prolongan hasta fines del siglo XIX e incluyen un precioso salón «federal», todo en rojo, el color oficial impuesto por el dictador Juan Manuel de Rosas. Para quien escribe estas páginas, sin embargo, el encanto mayor del Fernández Blanco es su bellísimo, umbroso, calmo jardín, donde siempre parece ser otoño.

SOÑADO O VIVIDO

En esa misma barranca de la calle Suipacha, entre la avenida del Libertador y Arroyo, frente al Museo Fernández Blanco, o Palacio Noel, como también se lo llama, hubo hasta no hace muchos años un conjunto edilicio destacable por su singularidad, mucho más que por su valor arquitectónico. Alrededor de una pequeña plazoleta donde campeaba una placa que rezaba «Pasaje Adrián Prat», se alzaba una construcción en forma de U (lo de pasaje era más retórico que real), planta baja y primer piso (o dos, esto no lo recuerdo bien) de pequeños departamentos, todos con vistas a la calle. Arquitectura muy sobria, por no decir franciscana, de la época italianizante de Buenos Aires, esto es, entre 1870 y 1880, aproximadamente, antes de que estallara el furor por el estilo seudofrancés, más opulento, al gusto del Segundo Imperio. Por esas características, hacia 1960 y pico era lugar predilecto de directores de cine y fotógrafos de publicidad para poner en escena evocaciones de la vida porteña a fines del siglo XIX. El pasaje Adrián Prat fue arrasado en los años setenta para dar lugar a la construcción de torres anodinas.

Subiendo la barranca una cuadra más arriba, en la esquina de Suipacha y Arroyo queda apenas una huella de la embajada de Israel, volada por terroristas en 1992: en una medianera, una máscara decorativa, barbuda y sonriente, sobre una guirnalda carcomida por la explosión y debajo, los restos de una fuente de jardín. La estrecha franja de terreno en la que se alzaba la mansión de la embajada se preserva tras una reja, como monumento conmemorativo del acto vandálico; sobre la misma pared de la máscara, una placa con los nombres de las víctimas. En la acera de enfrente, sobre Arroyo, el convento, la escuela y la iglesia de las hermanas franciscanas, incluida una clínica geriátrica, fueron también volados en parte (en el atentado murieron varias ancianas allí alojadas) y han sido reconstruidos. La iglesia, tiene su encanto. De paso: cuando estalló el explosivo que volatilizó la embajada de Israel, muchos peinetones de frágil carey, exhibidos en el Museo Fernández Blanco, también se pulverizaron. Otro dato: en el predio contiguo al museo, siempre sobre Suipacha, vivieron dos escritores importantes, el poeta argentino Oliverio Girondo y su mujer, la novelista Norah Lange. Girondo fue un hombre acaudalado. Sin hijos, el matrimonio dispuso por testamento que a la muerte del último que quedara la propiedad se incorporaría al Fernández Blanco, proporcionándole más espacio para sus colecciones. Esto ocurrió hace cerca de veinte años y la disposición no se ha cumplido. Por falta de presupuesto, dicen.

En la siempre empinada cuadra que asciende desde Arroyo hasta Juncal, creo que había una casa en la que estuve una vez. Digo «creo» porque no tengo la seguridad absoluta de que la estampa guardada en la memoria sea fiel, a tal punto la imagen se difumina y adquiere la cualidad borrosa de los sueños. Que estuve allí, no tengo duda; que el edificio fuese como lo veo en el recuerdo, no puedo asegurarlo. Ocurrió –sería 1942– que en el cuarto año de la escuela secundaria se incorporó a las clases, ya avanzadas, un muchacho bastante mayor que nosotros, que veníamos juntos a veces desde la primaria. Nuestro promedio de edad bordeaba los dieciséis o diecisiete, él (no daré sus apellidos, rotundamente españoles) tendría veintidós. En razón de equivalencias de algunas materias, rendidas en Europa (aunque su familia y él eran argentinos) y no válidas en la Argentina, Guillermo debió reemprender sus estudios en Buenos Aires con compañeros adolescentes. Tenía para nosotros el prestigio de pantalones largos hacía mucho adquiridos (el rito de alargar los pantalones era fundamental entonces), la experiencia de calle bien vivida, la independencia de poder fumar y salir de noche al antojo. Era un tipazo de buena índole, simpático, un poco tímido (tal vez –arriesgo–, como no era fanfarrón sino todo lo contrario, se sentiría un poco como un gigante entre enanos) y cultísimo. Nos invitó a visitarlo una noche en su casa de la calle Suipacha. Y aquí irrumpe mi recuerdo: entramos por un gran portón con alta verja, en un patio enorme, de piso ajedrezado. En el centro, una estatua clásica sobre un pedestal (¿por qué veo siempre allí al Napoleón de Canova, en la Academia de Brera, en Milán?). Y rodeándonos, un vasto claustro de dos pisos, un cuadrángulo de arcadas sobre arcadas sobre arcadas, casi infinitas, coronadas por un techo de tejas. Estoy en Italia, estoy en un cuadro de De Chirico, me siento dentro de una de sus visiones fantásticas y, a la vez, tan verosímiles, por el juego de las luces y las sombras. Como son reales la soledad y el silencio de sus pinturas. Para colmo, la luna llena inunda el patio, barniza su pavimento en damero y mantiene en lúgubre oscuridad las galerías circundantes, donde algo, o alguien, acecha. Recuerdo que el dueño de casa se sentó al piano, que por la ventana entraba la luz de la luna y que todos estábamos vagamente asustados, algunos fascinados, incómodos la mayoría.

Antes de abandonar ese rincón porteño que me es tan familiar, añado que en la esquina sudeste de Arroyo y Suipacha (entrada por Arroyo) se aprecia un rasgo arquitectónico singular. Es la arista filosa, neta, sin atenuantes ni disfraz ornamental, en que culmina un edificio de departamentos construido por los famosos hermanos Bencich. ¿Por qué son famosos los Bencich? Ante todo, por su cuantiosa fortuna y las complicaciones legales que siguieron a la muerte de uno de ellos, muchos años atrás, y que acaso sigan dilucidándose hoy en la justicia. Oriundos de Dalmacia, construyeron cantidad de enormes edificios de renta en ubicaciones privilegiadas. Uno de los más característicos está en una esquina de la avenida Córdoba y la calle Esmeralda: en la cima de sus diez pisos, pródigos en pequeños balcones, ventanas enrejadas y mínimas terrazas, se alzan minaretes y cupulitas, claramente orientales. Podrían ser bizantinos o venecianos. Dicen quienes conocieron a los Bencich que fue su manera de evocar el hogar ancestral, las costas orientales del Adriático, sus palacios y mezquitas. En Arroyo y Suipacha el muro se adelgaza, en ángulo agudísimo, hasta convertirse en poco más que una línea. Como diciendo: «Aquí se acaba, ¿y qué hay?». Me divierto en imaginar la forma de las habitaciones que terminan ahí, en esa perfilada arista: pienso en los decorados expresionistas de *El gabinete del doctor Caligari*.

Como no puedo controlar mi pasión arquitectónica, si el lector de estas páginas anda por ahí un día, le recomiendo dirigirse por la calle Arroyo hacia Carlos Pellegrini, o sea, la avenida Nueve de Julio (la más ancha del mundo, dicen; bien lo sabemos las personas mayores que debemos atravesarla). En esa esquina, otro edificio singular, *art nouveau,* muy bello pero sin la ligereza del estilo en Viena, París o Praga: con algo de pesadez germánica en su maciza mole, cuya fachada finge grandes bloques de piedra como superpuestos por gigantes.

OPINIONES

Ernesto Sabato: (...) porque ésta es una ciudad metafísica. ¿No le parece, Borges?

Borges: ¿Metafísica? A mí me parece más bien mercantil... (*fragmento de una conversación oída por casualidad, hace muchos años, en una cena de la Sociedad Argentina de Escritores*).

«Ciudad de tenderos y romanticones» (*atribuido a* MACEDONIO FERNÁNDEZ).

«La capital de un imperio que nunca existió» (*atribuido a* ANDRÉ MALRAUX).

«Buenos Aires es una ciudad cómoda, pero aburrida. Gente cariñosa, ojos de gacela, con gracia pero estereotipados. Lujo, superficialidad» (ALBERT EINSTEIN, 1926).

«Las mansiones también niegan la original cordialidad de sus dueños. Son modelos del Bois de Boulogne, del *faubourg* Saint-Germain y de la Castellana. Modelos que se organizan en fila, como caballeros vestidos de corte para presentarse a la reina que han negado en sus corazones» (WALDO FRANK, *en su libro «América hispana»*).

«Aires *(sic)* es feo y triste, muy feo. Los habitantes son encantadores y el éxito, grande. Si el país es soberbio, el clima es espantoso. Todo el mundo está un poco enfermo» (*de una carta de* Sarah Bernhardt *desde Buenos Aires a su amigo Raoul Ponchon en París, fechada el 29 de mayo de 1886, al visitar Buenos Aires por primera vez. Debutó en el teatro Politeama, demolido hace muchos años, con «La dama de las camelias»).*

«En este momento, este 17 de agosto de 1886, a las cuatro de la tarde, tengo 200.000 francos. Volveré a Francia con un millón limpio, entero. Aquí tengo dos admiradores, ambos están locamente enamorados de mí. El primero es un importante abogado y enemigo político del segundo, que es el secretario privado del presidente. Creo que haría mejor yéndome de la ciudad antes de que empiecen los problemas» (*de una carta de* Sarah Bernhardt *desde Buenos Aires a un amigo en París, fechada el 17 de agosto de 1886; volvió Sarah a la Argentina en 1892 y en 1905).*

LA CIUDAD PEGAJOSA

«El clima es espantoso», afirma Sarah Bernhardt en una de sus cartas escritas desde Buenos Aires, en 1886. Aquí actuó la diva en invierno, en plena temporada teatral, como es lógico. ¿Qué habría opinado de nuestro verano? Tal vez lo que, un siglo después, me diría uno de sus compatriotas, un economista establecido por un tiempo en la Argentina: «*L'été à Buenos Aires est pénible*». El verano en Buenos Aires es penoso. Lo estamos experimentando en estos días. Casi a diario, por lo menos 35 grados de máxima, y aún más, y unos 20 de mínima a la mañana temprano, única hora en que se puede disfrutar de un poco de brisa (templada). En el verano de 1900, los porteños caían redondos en las calles, en masa, víctimas de lo que entonces la gente fina denominaba «*coup de chaleur*». O sea, insolación. Y se entiende: las mujeres, con la cantidad de ropa, los corsés y los enormes sombreros que debían portar; los hombres, con los cuellos duros, los botines y los inútiles «ranchos», esos sombreros de paja trenzada y engomada, pesados y sin ventilación, de los que había también de color negro, para los enlutados.

Los porteños éramos tan cuidadosos de las apariencias, ni que decir tiene en materia de vestimenta, que tardamos muchísimos años en adaptarnos a un evidente cambio de clima. En mi infancia, en la escuela se nos enseñaba, con inocultable orgullo, que nuestra ciudad disfrutaba de un agradable clima subtropical. Lo que equivalía a decir que no compartíamos los sofocones, las lluvias torrenciales y la piel morena de nuestros vecinos brasileños o paraguayos. Hasta que, hoy en día, debemos rendirnos a la evidencia: esta ciudad, en verano, es el trópico. Tal vez las temperaturas no sean tan altas como en otras partes del mundo, pero la sensación generalizada es la de falta de aire y el exceso de humedad. Buenos Aires en verano es pegajosa. Una presión poderosa nos aplasta contra el asfalto derretido; del cual, a su vez, asciende un vaho de infierno. Desmoralización, decaimiento, pesadez. «No se puede pensar en Buenos Aires en verano», sentenció Ortega y Gasset, que nos conocía muy bien. Cualquier mínimo esfuerzo físico requiere una tensión muscular desproporcionada. Boqueamos, jadeamos. Y hoy tenemos a favor el aire acondicionado hasta en los taxis, los ventiladores de techo, ropas mucho más informales y livianas, y refugio en plazas y parques transformados por el gobierno de la ciudad en simulacros de playas, a la manera de las de París. Lo único que rescata al verano porteño es la partitura que le dedicó Piazzolla.

AL LUTO PORTEÑO

Así se llamaba, en mi infancia, una importante tienda céntrica. Tenía una rival, muy cerca, cuyo nombre lamento no recordar, aunque sonaba parecido. Ambas eran especialistas en hacer notorio, y hasta ostentoso, el duelo indumentario de quienes habían sufrido la pérdida de un pariente más o menos cercano. Imagino que ese código funerario debió de ser muy parecido en todo Occidente: luto riguroso hasta tal fecha, luego medio luto, después luto liviano, del negro riguroso al violeta y el lila. ¿Cuántos años abarcaba ese proceso, que ninguna persona decente y de buenos sentimientos podía transgredir?

Un vívido recuerdo de mi lejanísima infancia es el de la primera vez que tropecé en la calle con una viuda reciente. Yo tendría tres o cuatro años e iba de la mano de mi madre por una calle lateral de la avenida Santa Fe. De pronto se alzó ante mí una montaña de velos negros, hasta el suelo. El fantasma, o el monstruo, hizo brotar en mí un alarido de terror, lágrimas y espanto en profusión. Mi madre se deshizo en disculpas, la viuda permaneció adusta y lejana, envuelta en las brumas de su desconsuelo y de sus tules. Cuando pasaban a tu lado, esas damas resumían en sí todo un cortejo fúnebre.

Poco después, cuando murió mi adorada abuela materna, aprendí las reglas de ese código implacable. Del negro absoluto, con cinta de crespón en el sombrero (¿qué señora «bien» prescindía entonces del sombrero?), medias y guantes negros, en un año o dos se pasaba a algún detalle violeta o lila; después, a un tímido banco y negro. Al cabo de no sé cuánto tiempo, los colores volvían, pero siempre como avergonzados y temerosos de su audacia. Los hombres tenían también su reglamento, que tan sólo concedía la camisa blanca; el sombrero y la corbata siempre negros, y en la manga de la chaqueta el brazal de luto. Durante un año, por lo menos.

Lo que realmente me fascinaba era el despliegue de accesorios en las vidrieras de Al Luto Porteño y su vecina rival. Collares, pulseras, anillos, aros: en todo el equipo complementario de la seducción femenina, las perlas eran reemplazadas por sus equivalentes en negro. De qué material se trataba, no lo sé. Pero había algo ominoso en la impenetrable oscuridad de esas bolitas negras, de las que no brotaba destello alguno. Salvo una que otra furtiva aparición del azabache, en mínimas dosis, que aliviaba apenas el ajuar funerario y provocaba, estoy seguro, la condenación de la osada.

LA RECOLETA

HA terminado por ser el nombre de una de las zonas más prestigiosas de la ciudad. Sus límites van extendiéndose a medida que sus habitantes, en su mayoría pertenecientes a una clase media que fue alta y que hoy es sólo media clase, van perdiendo estatus económico y, por ende, social. Fue el primer cementerio público de Buenos Aires, habilitado en 1822 por el ministro de Gobierno, Bernardino Rivadavia, en el predio ocupado por los recoletos descalzos, llegados al Plata a comienzos del siglo XVIII y constructores de la iglesia del Pilar, en 1732 (es la segunda iglesia más antigua de Buenos Aires, conservada tal cual; San Ignacio, en el barrio Sur, la antecede en veinte años, pero sufrió modificaciones internas en el siglo XIX). La primera inhumación correspondió a un niño negro, el liberto Juan Benito: la Asamblea del año 1813 decretó la libertad de vientres y el fin de la esclavitud en estas tierras, aunque muchos negros siguieron vinculados durante generaciones a las familias a las que pertenecían, de las que hasta llegaron a usar el apellido. La primera mujer allí sepultada fue María Dolores Maciel.

Como casi todos los grandes cementerios católicos de Occidente en el siglo XIX (Père Lachaise en París, Staglieno en Génova), el de la Recoleta prodiga panteones y estatuas de rotunda teatralidad. Hacia la mitad de esa centuria, la modestia original del camposanto fue reemplazada por construcciones de inusitada riqueza, mármoles y bronces en profusión, estatuas traídas de Europa, competencia entre las familias adineradas por ostentar el mayor lujo funerario. Meta hoy de turistas asombrados, la Recoleta alberga a próceres, millonarios y personas más o menos famosas, o «conocidas». Sus tierras son las de más alta cotización en el mercado, y no hay advenedizo (los *nouveaux riches* de todo tiempo y lugar) que no sueñe con comprar la bóveda de una familia ilustre venida a menos y estampar su apellido en la fachada, o derruirla y construir otro panteón a su gusto. Estancieros de la edad de oro de la Argentina (aproximadamente, entre 1870-1930), ex presidentes, comerciantes prósperos, guerreros de las luchas por la independencia, yacen aquí, alabados, llorados y exaltados por estatuas enfáticas, que con grandes ademanes de eterna aflicción incitan a honrar sus cenizas y a meditar sobre el tránsito inevitable.

La tumba hoy más visitada es la de Eva Perón, cuya familia adquirió una bóveda desafectada e implantó su apellido sobre el portón de acceso. Hay, como en todos los grandes cementerios, monumentos curiosos: sobre la lápida del Father Fahy (un sacerdote católico irlandés que murió hace más de un siglo) vigila, alerta, la efigie de su perro. Al panteón de los Cambaceres, del más florido *art nouveau* –o modernismo–, invita a entrar una dama envuelta en vestiduras flotantes: se dice que es la traza de Rufina Cambaceres, que fue por error sepultada viva. Bajo un pórtico clásico, un personaje de mármol parece surgir de las olas, salvavidas en ristre; «Roverano», reza la inscripción en el frente. El presidente Manuel Quintana, fallecido en 1906, también adoptó el mármol para seguir ostentando, en el frente de su tumba, su famosa barba en V, que el peluquero le recortaba a diario en la casa de gobierno, enmarcándola con un paño de terciopelo negro para mostrarle la exactitud del corte. Por alguna razón (de economía, tal vez), el distinguido caballero, famoso por su atildamiento, viste de frac, pero de la cintura para abajo aparece envuelto en un paño marmóreo con profusos pliegues, a modo de mortaja. Un matrimonio de apellido patricio se llevó mal en vida, sobre todo –dicen– por la avaricia del marido. A la muerte de éste, su viuda no sólo se dedicó a gastar sin medida; también dispuso que, alzándose la bóveda entre dos calles paralelas, los bustos de ambos se diesen la espalda, mirando uno a cada lado. El general Facundo Quiroga, enemigo del restaurador Juan Manuel de Rosas (aunque ambos eran del mismo partido federal), está sepultado de pie en un panteón coronado por una Dolorosa de mármol de Carrara, que su familia encargó a un famoso escultor genovés. Otra Dolorosa idéntica culmina también la cúpula de una bóveda vecina, cuyos propietarios no quisieron ser menos. Es imponente el monumento funerario de la familia Leloir: un vasto templete de mármol verde y bronce, alzado sobre un pedestal de granito. Una columna truncada simboliza adecuadamente la temprana muerte, en la guerra del Paraguay, de Dominguito Sarmiento, el único hijo del combativo prócer y presidente de la República Domingo Faustino Sarmiento. La lápida de Remedios de Escalada de San Martín –esposa del general que cruzó los Andes para ganar la independencia de Chile y Perú y que, cumplida esa tarea, temprano se exilió en Europa y murió en Francia en 1850– reza, simplemente: «Compañera y amiga del general San Martín».

Los restos del general yacen, a su pedido, en la catedral de Buenos Aires, dentro de un espléndido monumento de mármol blanco, frente al cual hacen guardia perpetua dos granaderos, el cuerpo de ejército por él creado y que viste aún el uniforme original (los granaderos son también la guardia personal del presidente de la República). Se dice que el ataúd está colocado en diagonal, por un fallo en el cálculo de las dimensiones del sarcófago que lo contiene.

Al margen de la impresión general que produce el cementerio de la Recoleta, similar a la suscitada por todos los grandes cementerios públicos del siglo XIX, la Recoleta tiene lo suyo, una atmósfera muy particular, resumida como nadie por el genio de Silvina Ocampo. «Se parece a Venecia», dijo. Y, en verdad, con sus palacetes de mármol blanco, las verjas negras y doradas, y sus callejuelas laberínticas, la Recoleta es pariente cercana de la ciudad de los dux. La cual, convengamos, posee una evidente cualidad sepulcral, perceptible sobre todo en la estación del frío, cuando el visitante se aparta de los sitios públicos más notorios, adentrándose en el silencio de los barrios, en el juego incesante de la luz y la sombra, en el engaño del agua y sus múltiples, ilusorios espejos.

LA CHACARITA

Así se llama (o cementerio del Oeste) el camposanto más vasto de la ciudad. El nombre deriva de un diminutivo de «chacra», porque el predio fue la casa de campo de los jesuitas instalados en la iglesia de San Ignacio (la más antigua de la ciudad de Buenos Aires), junto a la cual se halla el que fuera Real Colegio de San Carlos, donde los jesuitas formaron, durante generaciones, a la élite gobernante. Transformado, desde mediados del siglo XIX, en Colegio Nacional de Buenos Aires, sigue siendo el más prestigioso y exigente de la ciudad. En aquel entonces, los alumnos del colegio pasaban sus vacaciones en la Chacarita, conforme lo evoca Miguel Cané (uno de los hombres públicos más trascendentes de la generación del 80, la creadora de la Argentina moderna, encabezada por el teniente general Julio Argentino Roca, dos veces presidente de la República) en su delicioso libro de memorias de adolescencia, *Juvenilia.*

El enorme predio (54.843 metros cuadrados) fue destinado a enterratorio público en 1871, cuando la epidemia de fiebre amarilla diezmó a los porteños. Su primer ocupante, víctima de la plaga, fue el albañil Manuel Rodríguez. A fines del siglo XIX se lo dotó de un pórtico neoclásico, espectacular, obra del arquitecto Buschiazzo, el mismo del acceso a la Recoleta. Un sociólogo tendría mucho que decir sobre las diferencias entre ambos cementerios, porque hasta allí se traslada la estratificación social. Si la Recoleta es el lugar de descanso de la alta burguesía porteña y de algunos próceres, la Chacarita cumple la misma función al servicio de las clases media y media baja (aunque no tanto), si bien no faltan los industriales y comerciantes prósperos. Hay también panteones opulentos, sobre todo los de las colectividades extranjeras formadas en el siglo XIX, a partir de la gran inmigración europea. Tal vez quien escribe estas páginas sea víctima de un prejuicio, pero le resulta evidente que entre estas bóvedas y las de la Recoleta hay algo en la arquitectura, hasta en el uso de los materiales, que proclama una distancia social, de gustos diversos. También en el hecho de que la Chacarita abunda en enormes panteones que contienen nichos y más nichos, como los alvéolos de una colmena. En pleno verano, participar de un cortejo fúnebre en el cementerio del Oeste puede ser un riesgo mortal: la insolación acecha a quien atraviese, bajo un sol impío, hectáreas de una llanura sembrada de simples losas y melancólicas cruces de hierro negro. Hasta llegar al gran depósito de ataúdes, donde –como en todos los camposantos predominantemente católicos– se despliega la ingenua, enternecedora parafernalia del recuerdo: la fotografía del difunto, esmaltada, las flores de tela, los inútiles candelabros de bronce o latón, las inscripciones desgarradoras.

En la Chacarita yacen algunos de los ídolos populares más famosos, personajes de muy diversas profesiones y oficios que, por diversas razones, ingresaron en el imaginario ciudadano, única forma posible de inmortalidad. Está Carlos Gardel, de bronce, en pie, con la famosa sonrisa, el peinado a la gomina y, en la mano extendida para subrayar la intención de una letra de tango, siempre un cigarrillo, un cigarrillo verdadero, homenaje entrañable de quien sabe que el Zorzal no murió quemado en Medellín, sino que sigue viviendo y cantando cada día mejor. Cerca de Gardel está la Madre María, personaje curioso de la Buenos Aires de los años veinte y treinta: era española, se llamaba María Salomé y debió afrontar innumerables procesos y causas policiales por ejercer, al decir de las autoridades, el curanderismo. Pero no se trataba de eso, ni –ella, al menos; ignoro qué harían sus acólitos a sus espaldas– de augurar el futuro, ni de conjurar espíritus, ni de recetar mejunjes dudosos. Esta mujer pareció tener el don (hay varios ejemplos, hasta de sacerdotes católicos muertos en olor de santidad) de las manos curativas: irradiaba una serena benevolencia y le bastaba abrazar –dicen quienes la conocieron– a los dolientes, del cuerpo o del alma, para que sintieran instantáneo alivio. Lo mismo que la tumba de Allan Kardek, el espiritista, en el Père Lachaise de París, la de la Madre María es a diario visitada por decenas de personas. Pasan las generaciones y el ritual es siempre el mismo, la ofrenda floral, la plegaria de rodillas, velas, fotografías, exvotos, el permanecer largo tiempo en una suerte de éxtasis, comunicándose en silencio, por dentro, con la sanadora. A la que en modo alguno, como a Gardel, se la considera muerta, sino algo así como ausente con aviso.

Otro huésped notorio de la Chacarita es Juan Perón, cuyo sepulcro es mucho menos frecuentado (dato interesante) que el de Eva en la Recoleta. Las manos del cadáver fueron cercenadas y sustraídas, años atrás, en una de esas acciones macabras relacionadas con la política a las que somos tan afectos los argentinos: odisea del cuerpo embalsamado de Evita, robo del cadáver del general Aramburu... Cómo pudo cometerse el despojo de las manos, de noche, entrando en la bóveda por el techo, sólo se explica mediante cómplices dentro del cementerio; lo inexplicable, hasta hoy, es el objetivo de la profanación.

LAS AGUAS CORRIENTES

Así denominó, durante años, la musa popular al vasto edificio que ocupa una manzana entera, entre las calles Viamonte, Riobamba, Ayacucho y la avenida Córdoba. Es un palacio de mentiras, un gigantesco juego infantil, de esos que se sirven de múltiples piezas de formas, tamaños y colores diversos, para erigir construcciones más o menos fantásticas. En 1880, cuando la ciudad de Buenos Aires fue separada de la provincia homónima y declarada capital de la República, entre otras medidas edilicias importantes se resolvió dotarla de un sistema adecuado de aguas corrientes y cloacas. Para albergar la sede de distribución de las aguas, se eligió uno de los puntos más altos del centro, la manzana citada. La ciudad parece llana porque sus variaciones de altura son escasas y apenas perceptibles en las perspectivas de las muchas casas, una junto a otra, a lo largo de las calles asfaltadas. Pero esas variaciones existen y se aprecian mejor en los días feriados, cuando casi no hay tránsito, ni de personas ni de vehículos.

El palacio de las Aguas Corrientes fue traído, despiezado, como los de juguete, de Inglaterra, y armado pacientemente en el predio elegido. Es todo de cerámica, tal como los museos de Kensington, en Londres: material eterno, invulnerable a los cambios atmosféricos. Las altas, magníficas puertas talladas, son de cedro del Paraguay, y de plomo las cariátides que sostienen los pórticos. Tan sólo los escudos de las entonces catorce provincias argentinas, y el nacional, también de cerámica coloreada, que alternan en un friso sobre las fachadas, se hicieron en el país. Cada una de las innumerables piezas que componen esas fachadas idénticas (salvo la principal, que da sobre la avenida Córdoba), de vivos colores, tiene infinita cantidad de repuestos, numerados, catalogados y almacenados en los sótanos: si un ornamento llegara a caerse, o romperse, de inmediato uno idéntico ocuparía su lugar. En realidad, esas cuatro fachadas, que dan la impresión de un gigantesco juguete multicolor caprichosamente inflado, son tan sólo las pantallas que ocultan cuatro inmensos tanques, con capacidad para miles de litros de agua. Los tanques ocupan prácticamente todo el interior del edificio, un interior que no tiene nada que ver, con sus austeras vigas de hierro entrecruzadas como en las contemporáneas estaciones de ferrocarril, con el exterior abigarrado. Allá por los años cuarenta del siglo pasado, los estudiantes de la Facultad de Arquitectura propusieron demoler esta fábrica, a la que consideraban un adefesio, y reemplazarla por otra racionalista. Por suerte no les hicieron caso y hoy mantenemos este espléndido testimonio no sólo de un pasado opulento sino, sobre todo, de un estilo y una manera de vivir.

En otra elevación (relativa) de la topografía porteña, a comienzos del siglo XX se alzó otra central distribuidora de las aguas corrientes, en la intersección de José María Moreno y Pedro Goyena. Es también un edificio de considerables dimensiones, aunque no iguala al de la avenida Córdoba, y sigue los códigos de lo que hemos dado en llamar «estilo francés», o –según el arquitecto Federico Ortiz– «borbónico». Se trata, más bien, del eclecticismo de la época que, tanto aquí como en Londres o Nueva York, reinterpretaba y mezclaba algo, efectivamente, de la pompa de los Borbones con el barroco germánico (más que el romano), el *art nouveau* y una pizca de fantasía.

LA HERENCIA DE LOS BALLETS RUSOS

En la historia de la arquitectura y las artes decorativas, los pasajes de un estilo a otro –cuando los estilos llegan a definir los rasgos característicos de los períodos históricos– rara vez se producen con brusquedad: rara vez hay saltos intempestivos. Entre la relativamente breve vigencia del art nouveau y la aparición del *art déco,* hay un período de transición, signado por una suerte de amaneramiento bucólico, de fugaz recuperación de un ideal de belleza lánguida y, a la vez, compleja, casi como un rococó atenuado que se complaciera en colores muy saturados. En los murales y los frisos decorativos de esa época (entre 1900 y 1925, aproximadamente) abundan, en mezcla heterogénea, los templos griegos y las máscaras venecianas, los parques de Fragonard y las odaliscas. En los ámbitos donde circula la alta sociedad de la época (alta sociedad en camino a la *café society* de los años treinta), en los salones de baile de los hoteles elegantes, en los vastos salones de recepción de los transatlánticos, en las confiterías y los bares, en los lugares de entretenimiento y de intercambio social, ese seudoestilo híbrido, andrógino y fugaz impone sus falacias. Y recibe, en París y desde 1909, el aporte de los Ballets Rusos de Diaghilev, con su prodigioso escenógrafo y diseñador de vestuario (un gran artista, de calidad suprema), Léon Bakst. Sin olvidar a otro ruso importante, su colega Alexander Benois. La perpetua fascinación occidental por Oriente y África se expresa en la moda femenina, en la prodigalidad de almohadones y turbantes, en el auge de los colores vigorosos, rojo, verde, violeta, anaranjado, y en el oro, mucho oro, heredado de Bizancio. ¿Cómo podía Buenos Aires, apasionada admiradora de París, sustraerse a esa tendencia?

Muchos años atrás, con intención de ponerme en un aprieto, alguien me preguntó: «¿De qué estilo es la confitería del Molino?». Sin pensarlo, instintivamente, le contesté: «Estilo Ballets Rusos». Sin saberlo, acerté. El Molino –así llamada por el original remate de su techumbre en el cuerpo avanzado sobre la esquina de Rivadavia y Entre Ríos, con grandes aspas iluminadas que giraban en la noche porteña, a pocos metros del palacio del Congreso–, hoy cerrada y abandonada, fue uno de los recintos tradicionales de Buenos Aires, tanto por el lujo de sus instalaciones (mármoles diversos por doquier, incrustaciones de bronce, vidrieras de colores que ilustraban las andanzas de Don Quijote) y la calidad de su servicio, como por el hecho de que, hallándose a un paso del Parlamento, sus mesas fueran frecuentadas por legisladores y políticos de todos los pelajes. Era el lugar donde acudían los periodistas a recoger opiniones y aventurar pronósticos, según el talante de los comensales y los decibelios de sus discusiones. Hace ya muchos años que el Molino cerró, al parecer para siempre (de vez en cuando se anuncia su reapertura, pero hasta hoy no se ha concretado). Las magníficas lámparas bulbosas, de bronce con capullos de cristales coloreados (y éstas sí que eran una herencia directa de los diseños de Bakst), que adornaban su fachada, o han sido robadas o reducidas a tristes andrajos de un pasado opulento.

Otro paradigma del estilo predominante en la lujosa Buenos Aires de los años veinte era el cine Ideal, en Suipacha entre la avenida Corrientes y la calle Sarmiento. Adjunta, como parte del mismo edificio, perdura la confitería Ideal, que conserva algo de su esplendor antiguo y está hoy dedicada, con éxito, al culto del tango. La sala de cine, en cambio, fue privada de toda su riqueza ornamental, estrechamente vinculada a esa ambigüedad decorativa que estamos repasando. Predilecto de la alta burguesía porteña, el Ideal estrenó, entre los años treinta y los cuarenta del siglo pasado, los films más notables de la edad dorada de Hollywood: para la première de la *María Antonieta* de la Metro, con Norma Shearer y Tyrone Power, los acomodadores vistieron calzón corto y casaca a la moda de Luis XV, con pelucas empolvadas y todo, y obsequiaban a las espectadoras con una rosa roja envuelta en encaje plateado. Allí se estrenaron también *Lo que el viento se llevó* y *El mago de Oz,* y el precio de la platea era el más caro de la ciudad: cuatro pesos, equivalentes por entonces a un dólar...

Presidían la sala del Ideal dos inmensos pavos reales (de yeso, supongo), uno a cada lado de la bandeja del pullman, con sus colas desplegadas en un alarde lujoso de esmaltes de colores, cabujones y mucho oro. Previo, todo el gran vestíbulo –de mármol veteado verde oscuro, y doradas las rejas de las taquillas– era recorrido por un friso donde las máscaras venecianas alternaban con las marquesas de Watteau y con las odaliscas, las cúpulas barrocas de ciudades imaginarias con minaretes, los lagos de Italia con los templos griegos y las pirámides egipcias. Visiones fantásticas, de una estética amable, idealista, nacida de los escombros de la primera guerra mundial y destinada a restaurar sus heridas y asegurarnos que aquí no había pasado nada.

Nada queda, en verdad, de esa ornamentación bucólica, el equivalente plástico de lo que en la música ligera de entonces era *En un mercado persa,* de Kettelby, o *La hostería del Caballito Blanco.* Los nuevos propietarios del Ideal arrasaron con marquesas, odaliscas y templos griegos, y la sala se dedicó al lucrativo género de películas «para adultos».

OTRA OPINIÓN

«SENTIMOS miedo porque estamos solos. En vano muchedumbres incesantes hormiguean junto a nosotros. Estamos solos. Es el miedo a los campos que yacen bajo el pavimento, como si de pronto pudieran surgir hordas que nos pasaran a cuchillo, como si lo que tenemos y amamos nos pudiera ser arrancado en nombre de un derecho bárbaro e inclemente. La tierra desde lejos nos transmite ese pavor. No es de los aviones cargados de dinamita, ni el de ninguna invasión violenta. Un pavor mortecino, húmedo, terrestre y antiguo, que también brota al menor descuido. Una ciudad inestable y atroz reposa, muda y quieta, dentro o debajo de las otras.

»Si hemos de aceptar que Buenos Aires fue fundada con fines de estrategia comercial y que desde sus orígenes ha permanecido fiel a tal designio, agregaremos que no ha necesitado otras normas para su desarrollo portentoso. Buenos Aires ha sido fabricada a pesar de los constructores, que no hicieron una ciudad sino casas de renta, locales para negocios, refugios contra el azar de la campaña, resultándoles al fin, como a Mefistófeles, cosa distinta de lo que procuraban.

»Indudablemente, es un milagro en múltiples sentidos, Buenos Aires. Tan inconcebible, en verdad, que muchos de nosotros no tienen todavía idea clara del prodigio, y otros hemos perdido ya el asombro y la fe. Como con todo milagro que pasara al dominio público, o que durase más de lo conveniente.»

EZEQUIEL MARTÍNEZ ESTRADA
(La cabeza de Goliat)

LA HERENCIA BRITÁNICA

En sus barrios más señoriales, Buenos Aires quiere hacernos creer que es París, hasta que el copete de una palmera, o la floración de los jacarandás nos devuelve a la realidad. Una realidad dentro de la cual hay lugar también para algún remedo de Londres. Haga la experiencia, lector: vaya al barrio de Caballito y trasládese a la intersección de la avenida Pedro Goyena (es majestuosa, con una bóveda vegetal como pocas arterias porteñas, salvo Honduras, única competidora) con la calle Videla. Si camina rumbo al oeste, doble por Videla a la derecha, haga una o dos cuadras y entre, con la misma sorpresa de Alicia al atravesar el espejo, en la Londres victoriana. Por más que se restriegue los ojos, el milagro sigue ahí, y es concreto, real. Son cuatro manzanas de casas victorianas típicas, con las mansiones de dos plantas, techos de tejas, pórtico sostenido por columnas, *bow windows,* pequeño jardín al frente. Blancas, inmaculadas, perfectas, todas iguales, con los toldos verdes o azules para esquivar, en pleno verano, el sol. Porque esto no es Londres, son las primeras horas de una tarde de febrero, el sol brilla espléndido en un cielo sin nubes, las formas son nítidas y, de pronto, se tiene la visión de una Grecia improbable. No hay un papel en el suelo, ni un jardín descuidado, ni un bache en el terso pavimento.

Ese barrio lo construyeron los ingleses de los ferrocarriles, para sus empleados importantes. Para otros menos importantes, no lejos de allí, ya en pleno Flores, abrieron sobre la calle Bacacay, a pocas cuadras de la plaza, una cortada –un pasaje, más bien– pavimentada con adoquines de piedra. A ambos lados, casitas iguales (la misma manía de la edificación en serie que reina en Londres y en otras ciudades británicas), techos de tejas, ventanas con vidrios emplomados y de colores, puertas de madera. Todos los materiales vinieron de las islas, en tiempos en que cualquier artefacto *made in England* era garantía de perfección y durabilidad. Cuando las cosas se hacían para durar. Por dentro son algo oscuras estas casas, relativamente pequeñas pero tan, tan confortables, con los revestimientos de madera, las vigas en el techo (falsas, claro está), las chimeneas de piedra, falsas también, pero ¿a quién le importa, si el fuego chisporrotea, el humo de la pipa evoca una leve fragancia de ron y el té se ha servido a las cinco en punto, con *muffins, scones* y sándwiches de pepino?

En el tramo inicial de la avenida Caseros, a un paso del hermoso parque Lezama y el Museo Histórico Nacional, los ingleses de los ferrocarriles construyeron otro hábitat para sus gerentes. Es un enorme edificio de renta, cuya fachada ocupa prácticamente la cuadra entera. Si responde a algún estilo en particular, es al decadente y anodino eclecticismo de fines del siglo XIX. Por dentro, es otra cosa. Todos los materiales fueron importados, y se nota. La calidad de los pisos, las puertas, los revestimientos, las manijas y las placas de bronce que custodian las cerraduras, la grifería de baños y cocinas es insuperable. Y la distribución interna de los departamentos (los hay de distintas dimensiones y comodidades, se ve que dentro de la organización reinaba una disciplina jerárquica como la que regía las clases sociales en territorio británico), el acabado de los detalles son de una funcionalidad y una elegancia indiscutibles. Por supuesto, hoy en día estos departamentos son carísimos y hay listas de espera de interesados en habitarlos. Allí viven o han vivido, artistas conocidos, empresarios, personalidades mundanas, políticas y deportivas, modelos, figuras, figuritas y figurones de la televisión. La verdadera aristocracia del siglo XX, en fin.

El otro extremo del espectro se da en el barrio de Barracas, en la calle Australia. Allí vivían los empleados ferroviarios más modestos; sin lujos, es cierto, pero siempre con dignidad. ¿Cómo describir este edificio tan extraño? Al menos, lo es en Buenos Aires: quizás un neozelandés, o un viejo coronel retirado que estuvo destinado en la India, no se sorprendería; para el porteño típico resulta siempre algo desconcertante.

Es una vasta vivienda colectiva, que ocupa prácticamente una manzana, un conglomerado de casas habitación, a modo de una colmena gigantesca, en medio de un jardín, hoy bastante abandonado (los ingleses del ferrocarril se volvieron a su isla, forrados de oro, hace muchos años: «Ya son nuestros», se ufanó Perón, sin precisar que había comprado chatarra). Son casas individuales, departamentos, más bien, uno junto al otro, que configuran una construcción única, y todos dan a una veranda, una galería cubierta por una techumbre inclinada, que ciñe la edificación entera. Imagino (porque nunca entré al predio) que en el centro debe de haber un gran patio, u otro jardín cerrado, al que se asomarán las habitaciones de atrás o del fondo. ¿De donde salió esta arquitectura tan ajena a los usos y costumbres de los argentinos? Uno piensa en la India, en Australia (el nombre de la calle no suena casual), acaso en las Indias Occidentales, Bahamas y demás antiguos dominios de Su Majestad. Hay algo tropical, exótico e inquietante en este caserón. ¿Quiénes viven allí ahora, qué perdura de un pasado imperial?

ROMANTICISMO ALEMÁN

ALLÁ por 1984 o 1985, iba yo caminando una noche por la avenida Belgrano con un periodista italiano amigo, Antonio Pinto, que pasaba una temporada en Buenos Aires, empeñado en entrevistar a Borges, Silvina Ocampo y Bioy Casares. A esa hora, la avenida, que de día es una de las más trajinadas de la ciudad, estaba casi desierta y casi en penumbra, a no ser por la radiante presencia de la luna llena. No recuerdo de qué hablábamos (de libros, probablemente), cuando de pronto Antonio se detuvo en seco y, tomándome de un brazo con fuerza, me obligó a mirar hacia arriba, hacia la esquina de Belgrano y la calle Perú. «Mira, mira», me dijo, con su cuidadoso español que no esquivaba el inevitable acento, «¿no te recuerda un grabado romántico alemán?». Miré, y coincidí con él.

En esa esquina de Belgrano y Perú se alza uno de los edificios más singulares de una ciudad que abunda en ellos. Son diez pisos de rotundo símil piedra, coronados por dos cúpulas peraltadas, idénticas, pero una mayor que otra. Aquella noche, sin una sola luz encendida en una de sus múltiples ventanas, la mole se erguía imponente: las cúpulas parecían las torres de un castillo alzado sobre una colina. El disco lunar se recortaba en lo alto, detrás y por encima de las torres, atravesado en ese momento por un jirón de nubes. Era, en verdad, una estampa romántica, misteriosa y melancólica, como uno de aquellos grabados donde esa misma luna y esa misma nube prestan un efecto teatral –un tanto funerario, acaso– a un castillo a orillas del Rin.

Y recordé. Recordé que diez años antes yo trabajaba en la revista *Primera Plana*, la más importante de los años sesenta en la Argentina, cuya redacción estaba en Perú, número 360, justamente al lado del monumental edificio llamado Otto Wulf, por el nombre de su comitente. Era un décimo piso: si uno salía al balcón, tenía a su derecha las cúpulas y los tejados del Wulf. Sobre la cúpula mayor centellea una corona imperial dorada que culmina en un Sol radiante; sobre la cúpula menor, otra corona imperial, algo más pequeña, portadora de una Luna en cuarto creciente. El revestimiento de cúpulas y tejados no es de pizarra, según el uso de la época, sino de tejas de cerámica verde, como los techos de la catedral de San Esteban, en Viena.

Visto desde fuera y desde abajo, a la altura del primer piso, el peso de la mole parece descansar sobre los hombros de un cortejo de poderosos atlantes, cuya traza difiere de uno a otro: simbolizan los oficios que intervinieron en la construcción: herrero, albañil, carpintero y hasta el arquitecto mismo. Por la fachada discurren, además, representantes de la fauna argentina: cóndores, pingüinos, lechuzas. Aborígenes, también. El edificio fue diseñado por el arquitecto danés M. F. Rönnow y se lo erigió entre 1912 y 1914 en el solar donde había estado la Casa de la Virreina Vieja: doña Rafaela de Vera y Pintado, viuda del penúltimo virrey español del Río de la Plata, don Joaquín del Pino, que siguió viviendo en Buenos Aires tras la muerte de su marido; fue suegra del primer presidente de los argentinos, Bernardino Rivadavia.

La simbología de las coronas imperiales tiene explicación. El empresario austríaco Otto Wulf encargó el edificio a Rönnow, con la condición de que reflejara el esplendor de la doble corona. La mayor simbolizaría, pues, al emperador Francisco José, que moriría muy viejo, en 1916, en plena guerra. La menor, a su bellísima consorte, Isabel de Baviera, Sissí, la soberana asesinada por un anarquista italiano en Ginebra, en 1898. Tenía razón mi colega italiano: el Otto Wulf es una estampa romántica injertada en pleno corazón de Buenos Aires. Y no es indispensable contemplarlo en una noche de luna llena: en cualquier momento del día o la noche, impresiona por sus dimensiones y su pintoresca traza.

ADOLESCENCIA

Así como el adolescente descubre un día que la ropa que usaba hasta ayer hoy le queda chica, a comienzos del siglo XX la ciudad comenzó a estirarse. Hubo algún intento aislado hacia 1910, cuando en el paseo Colón y Venezuela se alzó el que es considerado el primer rascacielos porteño. Aunque dicha atribución le queda algo holgada: son apenas diez pisos, que hasta no hace mucho albergaban la sede central de Aerolíneas Argentinas. Once años después comenzó la construcción de un coloso (lo califico así en comparación con el promedio arquitectónico porteño de aquellos años), el Palacio Barolo, del apellido de su primer propietario, el empresario italiano Luigi Barolo, quien confió la tarea –un gran inmueble para oficinas, con galería comercial en la planta baja, entre la avenida de Mayo y su paralela, la calle Hipólito Yrigoyen– a su compatriota, el arquitecto Mario Palanti, de prolongada actividad en la Argentina. Una idea por lo demás fantástica está en el origen del Barolo: traer a Buenos Aires los restos de Dante Alghieri –sepultados en Rávena, a los que el comitente y el arquitecto consideraban en peligro, en vista de las vicisitudes de posguerra en Italia– y depositarlos en una bóveda subterránea del palacio, debajo de una escultura que ejecutaría Palanti, llamada *Ascensión*, que simbolizaría el alma del poeta transportada al cielo por un cóndor. Esta fantasía nunca se realizó, pero el edificio tiene rasgos evocativos de la *Divina Comedia*, aunque apenas fuera en las numerosas citas dantescas que se leen en cada planta (en número de veinticuatro, más dos bajo nivel) y los detalles ornamentales que aluden evidentemente al poema. Sus cien metros de altura reinaron sobre Buenos Aires desde 1923, cuando se lo inauguró, hasta que en 1936 lo superó el Kavanagh, con 132. La cumbre del Barolo es una cúpula de dieciséis metros de alto, inspirada en un templo hindú y dotada de un faro giratorio, que recientemente fue rehabilitado y continúa asombrándonos por su potencia. Del otro lado del Plata, en Montevideo, Palanti construyó un cuasi gemelo del Barolo, denominado Palacio Salvo, en 1928.

Quien registró con genialidad la etapa de definitiva ascensión de la ciudad a la edad adulta fue el fotógrafo Horacio Coppola, que hoy disfruta de 103 apacibles años. El IVAM le dedicó una muestra, un decenio atrás (cuyo catálogo tuve en honor de prologar), a partir del ciclo que él denominó *Viejo Buenos Aires, adiós*, un álbum de fotos editado en 1936, con ocasión del cuarto centenario de la primera fundación de la ciudad, por don Pedro de Mendoza. Coppola captó con su cámara el momento justo en que Buenos Aires cambió para siempre su antigua fisonomía, a instancias del intendente Mariano de Vedia y Mitre, un culto y refinado conservador que, pese a esta filiación política, alentó una radical modernización de la zona céntrica. Comenzaron entonces a demolerse las manzanas que darían lugar a la gran avenida de norte a sur, la Nueve de Julio (la más ancha del mundo, dicen, como bien lo saben los aventurados transeúntes que se animan a cruzarla); se ensanchó la calle Corrientes, convirtiéndola en avenida; se erigió el obelisco, en el cruce de esas dos arterias; y, un poco antes y un poco después, los primeros auténticos rascacielos brotaron aquí y allá hasta culminar, justo en 1936, con el espléndido edificio Kavanagh, que sigue siendo el más airoso de Buenos Aires y cuyo diseño y ubicación –a un costado de la plaza San Martín– son un verdadero alarde de elegancia y funcionalidad.

En el libro de Coppola (muchas veces reeditado a lo largo de setenta años) conviven las últimas imágenes de la ciudad que se iba yendo, las casas bajas, las calles empedradas, los pintorescos carritos del lechero y el panadero, las fachadas pródigas en arabescos modernistas, en contraste con las secas aristas y los volúmenes netos de las nuevas edificaciones racionalistas, un cubo sobre otro, hormigón, cristal y acero por doquier. Si en la Diagonal Norte (avenida Presidente Roque Sáenz Peña) triunfó el sueño de los urbanistas, de la altura uniforme y la unánime ornamentación *art déco,* en el resto de la urbe se mezclaron las tendencias más opuestas, con un resultado que durante largo tiempo escandalizó a los porteños exigentes de una utópica coherencia estilística y que hoy fascina, por su variedad y fantasía, a los especialistas de todo el mundo. Hay en especial lo que yo llamo un *art déco* de barrio, de una ingenuidad encantadora, que perdura en zonas alejadas del centro y contribuye a la seducción de esta ciudad infinita, caótica, sin igual.

«¡AL COLÓN! ¡AL COLÓN!»

LAS ninfas del cielorraso del Salón Dorado vuelan de nuevo, ondulantes sus escasos velos y sus cabelleras frondosas. Sólo que ahora sabemos que no flotaban en un marchito cielo otoñal, sino que su ronda gira en una esplendorosa mañana de sol. Les han quitado la mugre de un siglo y tal parece que las hubieran sometido a una cirugía plástica renovadora: nunca se vieron tan jóvenes, tan lozanas, tan impetuosas, igual que en aquel 25 de mayo de 1908, cuando los asistentes a la velada inaugural del Teatro Colón alzaron los ojos al techo de este salón fastuoso y admiraron –con desenfado los señores, con recato las señoras– el cortejo pagano que flota allá arriba, entre las cornisas, los capiteles, los frisos. Todo dorado a la hoja, todo nuevo: como hoy, cuando es 24 de mayo de 2010 y el Teatro Colón se reabre tras seis años de clausura, incertidumbre y trabajos de refacción y reparación que se juzgaron indispensables. Todo nuevo, pero la acústica es la misma de siempre: la mejor del mundo, aseguran los entendidos.

En el no menos fastuoso vestíbulo del primer piso, en el nivel de los palcos balcón, los *puttini* (palabra que en español siempre suena incómoda) de estuco que pululan por las cornisas fingen ser de mármol y se divierten como locos jugando con instrumentos musicales mas grandes que ellos, bajo la mirada severa de los bustos de Bach, Mozart, Beethoven... que también fingen ser de bronce, aunque es tan sólo la pátina que recubre el omnipresente estuco. ¿Y qué hay de malo en ello, cuando la artesanía –sin duda italiana– es de semejante calidad? Luis Trinchero se llamaba el responsable de toda la escultura ornamental del Colón: nadie lo ha recordado en estos días de festejos por la reapertura, y me parece oportuno consignarlo aquí, a modo de homenaje. Trinchero. ¿Sería también él italiano, como los dos primeros arquitectos del gran teatro, Francesco Tamburini y Vittorio Meano, ambos fallecidos antes que se terminara el edificio, que tardó veinte años en ser construido? Lo acabó un colega belga, Jules Dormal, largamente afincado en la Argentina, donde hizo muchas otras obras importantes. Lo mismo que Tamburini (el arco triunfal de acceso a la Casa de Gobierno, la Casa Rosada, y en el interior de ésta, el Salón Blanco) y Meano (el palacio del Congreso de la Nación). Cuando le preguntaban a Dormal cómo había logrado la acústica perfecta, contestaba que no lo sabía, que había sido cuestión de pura suerte...

Trinchero diseñó con idéntica felicidad las austeras cariátides de la fachada principal, sobre la calle Libertad, unas simpáticas muchachas, muy griegas ellas (pero griegas según los escultores franceses del siglo XVIII y los de Napoleón III), y las voluptuosas señoras doradas que se reclinan en lo alto de la sala sobre los respectivos frontones que coronan los palcos *avant-scène*, a ambos lados del escenario. Todo, las máscaras de la comedia y la tragedia sobre las cornisas exteriores, los cortejos de *puttini* en los frisos de las fachadas laterales, los ornamentos de los salones y de la sala principal, todo fue diseñado por Trinchero, con aprobación, es de suponer, de Dormal. Más de una vez imaginé que las indolentes damas que dominan los *avant-scène* bien podrían ser huecas y servir de escondite a un presunto fantasma de la Ópera. Que es lo único que nos falta para completar la atmósfera romántica de nuestro Teatro con mayúsculas.

En mi infancia, el grito de «¡Al Colón, al Colón!» resonaba, insólitamente, en las canchas de fútbol y en los salones populares donde se bailaba el tango al son de las orquestas llamadas típicas. Era el espontáneo reconocimiento popular de las virtudes de un goleador insigne, o de un cantante tanguero de ley, que merecían llevar su arte al mayor escenario del país y de Sudamérica. Era también, y sobre todo, el reconocimiento del Teatro Colón como el escenario ilustre, orgullo de los argentinos, que acogía a los artistas más importantes del mundo. Más de una vez, al pasar casualmente por el Colón en una gélida mañana invernal, o en una abrumadora tarde del penoso verano porteño, y ver a la multitud que hace cola para adquirir localidades, formada por todas las clases sociales, todas las edades, todos los oficios, he pensado –oponiéndome a los detractores que siguen hablando del Colón como antro de elitistas– cuán afortunado es un país que puede contar con semejante élite.

CODA

UNA obsesión de muchos escritores del siglo XX (Virginia Woolf en *La señora Dalloway,* John Dos Passos en *Manhattan Transfer,* entre otros) fue transcribir en palabras el vértigo y el tumulto de las grandes ciudades y, sobre todo, las acciones que en ellas se entrecruzan simultáneamente. Sus nobles fracasos remiten a los únicos medios que, probablemente, se acercan hoy a la expresión de esa simultaneidad, valiéndose de las tecnologías más avanzadas: el cine y la televisión.

Frente al desafío de escribir sobre la compleja ciudad de hoy, y la imposibilidad de abarcar a Buenos Aires en su tupida trama urbana –en realidad, hay varias ciudades distintas dentro de ella, cada una con sus rasgos propios, inconfundibles con los del barrio vecino–, avizoré una sola elección posible: referirme a «mi» ciudad (de ahí el título que otorgué a este libro), el espacio acotado en que ha transcurrido mi ya larga vida. Habrá lector que me reproche no ocuparme del tango, del barrio de La Boca, de la vida nocturna o de la calle Corrientes. He preferido dejar esos lugares comunes donde les corresponde, en las páginas de cuanta guía turística existe sobre el tema. Con la única excepción del Teatro Colón, porque ocupa un sitio preferencial en mi vida. Al releerme, al final de esta excursión totalmente subjetiva por las calles, los lugares y los edificios que me son familiares, advierto los límites, acaso estrechos, de mis andanzas porteñas: el barrio Norte, la Recoleta, Palermo, algo del centro, algo de barrios prestigiosos, como Belgrano o Flores. No mucho más: hay zonas enteras de la ciudad que me son ajenas, y lo lamento. Pero quiero ser fiel a mis escenarios conocidos y no pretender una ciudadanía ecuménica, esa suerte de «porteñidad» total a la que imaginariamente aspiran algunos vates trasnochados.

Si en mis palabras se ha enredado, de vez en cuando, algo de nostalgia (nunca de melancolía), es comprensible que jirones de la niñez se mezclen con la trama de la memoria y la textura de la crónica. Tan sólo me resta agradecer a las dos personas que, respectivamente, en mi infancia y mi adolescencia me hicieron el regalo invalorable del amor a Buenos Aires: mi padre, caminador incansable de la ciudad, conmigo de su mano, en las tardes de sábados remotos pero nunca olvidados, y Manuel Mujica Lainez, el cantor que al final de su *Canto a Buenos Aires* le pide a San Martín de Tours, patrono de la capital argentina, «su parte de tu capa».

Buenos Aires, 24 de junio de 2010

ÍNDICE

ACABÓSE DE IMPRIMIR

EL DÍA 6 DE SEPTIEMBRE DE 2011